岩間 浩 編著

綜合ヨガ創始者

三浦関造の生涯

竜王文庫

綜合ヨガ創始者・三浦関造の生涯

目次

はじめに……（11）

第一章　三浦関造の生涯……（13）

生誕百年祭時スライド説明会から

一、幼年時代……（15）
二、師範学校時代……（18）
三、高等小学校教師時代……（21）
四、上京、神学生時代……（24）
五、副牧師時代……（25）
六、文筆・教育活動時代（一）……（26）
七、文筆・教育活動時代（二）……（30）
八、アメリカ旅行……（33）
九、帰国後の文筆活動と教育講演活動……（36）
一〇、太平洋戦争時の活動……（38）
一一、戦後神智学会時代……（41）
一二、神智学会解散と竜王会の設立……（44）
一三、竜王会時代（一）……（45）

一四、竜王会時代（二）……………………（48）

第二章　文筆家としての三浦関造……………（52）

田中恵美子「文筆家としての三浦関造」
『エミール』（ルソー著）大正二（一九一三）年
『カラマーゾフの兄弟』（ドストエフスキー著）大正三年
『人生』（トルストイ）大正四年
『生と自然』（ソロー、ホイットマン、バローズ、パズリット）大正四年
『生に徹する芸術』（カーペンター）大正五年
『埋もれし世界』（創作）大正五年
『革命の巷《ちまた》より』（クロポトキンの自叙伝）大正七年
『新生の曙』（ストリンドベルヒ）大正八年
『祈れる魂』（詩集）大正一〇年
『親鸞』一部・二部（創作）大正一一年
『愛は貧に輝く』（ペスタロッチ）大正一五年
『聖者しずかに語る』（創作）昭和三年
『黎明の聖女』（創作）昭和四年

第三章　綜合ヨガ実践者としての三浦関造……（61）

（一）　三浦関造子息の思い出……………………（61）

a　田中恵美子（長女）
b　三浦暁一（長男）
c　三浦宙一（次男）　「父の思い出」
d　三浦日朗（三男）　「父の思い出」
e　三浦雷造（四男）　「父の思い出」
f　赤嶺瑞子（次女）
g　大島七朗（一慶）（五男）
h　水野いつ子（第八子）
（二）三浦関造の人脈および綜合ヨガの影響……（79）
a　下中弥三郎
b　大嶋豊
c　小原圀芳
d　野口援太郎
e　豊田実
f　野呂信次郎
g　信楽香雲（及び鞍馬寺）
h　内垣日親
i　本山博
j　シェア・ジャパン
k　仲里誠桔
l　求道者たちとの交流
m　さまざまな人脈（田中恵美子氏に聴く）

（一）　若い時代の三浦関造
（二）　兄・三浦修吾
（三）　戦時中の三浦関造
（四）　戦後の三浦関造
第四章　愛弟子から観た三浦関造とヨガの実習体験……（107）
――稲田年男氏に聴く――
（一）三浦関造による最初のヨガ講習会について…（108）
（二）治癒体験…………………………………………（110）
（三）竜王学院（―園）について……………………（111）
（四）ヨガの統一状態について………………………（112）
（五）『法華経』について……………………………（115）
（六）ＵＦＯについて…………………………………（118）
（七）予知について……………………………………（123）
（八）ヨガの呼吸法の実習について…………………（125）
（九）瞑想のしかたについて…………………………（127）
（一〇）オームの称え方・声の出し方について………（128）
第五章　詩人としての三浦関造……………………（131）
――詩集から――

祈れる魂……………………………………（133）
新しい地上…………………………………（134）
呼ぶ声………………………………………（136）
瞑想の一夜…………………………………（140）
絶対の祈り…………………………………（142）
大救世主……………………………………（143）

第六章　教育者・教育学者としての三浦修吾と三浦関造…（146）

一　日本における新教育推進者たちと三浦兄弟…（148）
A　三浦修吾……………（148）
a　野口援太郎と三浦修吾
b　小原國芳と三浦修吾
c　中村春二と三浦修吾
B　三浦関造……………（158）
二　三浦兄弟が新教育推進に果たした業績………（162）
A　三浦修吾の業績………（162）
a　教師としての三浦修吾
b　著作活動
c　その他

B
d 教育ジャーナリストとしての活動
三浦関造の業績……（176）
a 教師としての三浦関造
b 『エミール』の翻訳出版
c 各種教育書の出版活動
d その他の出版活動

第七章 霊覚者としての三浦関造……（189）
一 生涯に伴う霊的体験……（189）
二 愛弟子・西尾靖子の体験……（193）

付属資料……（197）
一 「種子蒔き」の喩え……（197）
二 家系図……（207）
三 三浦関造年譜（著書リストを中心にした）……（208）
四 三浦関造帰天後の竜王会の歩み（年譜）……（217）
五 『三浦関造先生名言集』より抜粋……（229）

索引……（237）

綜合ヨガ創始者

三浦関造の生涯

モリヤ大師

―― 上海にて ――

戦時の一夜
厳寒骨に徹《てつ》して眠られず
幾千年の古より常に壮年の姿をもつ
意志の神、七大聖の一人
モリヤ大師に一心をふり向く

いく度か深く呼吸をくりかへし
漸くにして心臓鎮静す
見よその時わが前に
欝蒼《うっそう》として現はるゝヒマラヤ山脈
夜あけに近き大空に聳《そび》え立つ

われは視力をチベットの一山峡なる
モリヤ大師に集注す
見よ山峡に爛《らん》たる光あらはれ
光の中に遙かモリヤ大師を見る
眼光炯々《けいけい》たる意志の神を

光はやがて消えゆきしも
遙かヒマラヤの山影を眺むれば
暁の微光は印度平野より
淡絹の闇一重を剥《は》ぎとり
打拡がる平野に大群衆をみる

まじまじと見てあれば
大群衆のまっ只中の台上に
突立って獅子吼する者あり
早暁の光にすかして打見れば
豈《あに》はからんや彼は我自身なり

おゝ一心澄浄の願力
凝って荘厳なるこの異象をみる

（註：筆者・三浦がこの事を英語で印度のヨガ夫人に語った時、夫人は座を立って、敬意を表し、おゝ救世主よ！と讃嘆した）

はじめに

東海に浮かぶ日本列島の定めは、世界各地から受け入れた文化を、日本の土壌で融合し、育て、発酵させて、独特な書画、音楽、茶道、華道、禅、思想・文化などを再創造することにあった。日本で創造された文化は、たとえば、浮世絵がヨーロッパ印象派台頭のはずみになったように、世界に新たな息吹として伝えられる。

インド発祥のヨガも、三浦関造という先駆的人物によって、ハタ・ヨガ（身体的統一）からバクチ・ヨガ（信仰の統一）、マントラム・ヨガ（密教真言）、クンダリーニ・ヨガ（呼吸の統一）、ジャニヤーナ・ヨガ（認識の統一）、カルマ・ヨガ（行法の統一）、ラヤ・ヨガ（人体電池と宇宙エネルギーとの電力的統一）に至るヨガを綜合し、神智学をこれに注入し、仏教及びキリスト教精神と日本的精神をもって包み、新たな綜合ヨガとして展開させられた。

三浦は、綜合ヨガの経典として、パタンジャリの「ラジャ（王）・ヨガ（大統一）聖典」、「バカヴァド・ギータ」（至高者の歌）、イエスの四福音書、仏典「妙法蓮華経」を挙げているが、また、モリヤ大師のアグニ・ヨガやM・ドウリル博士（Dr. Muriel Doreal）編著の『エメラルド・タブレット』を推奨し、ヨガの意味である「統一」について特に心の統一実現を目指した。また、人類の背後でその進化の道を先導する覚者（大師）の存在、ハイラーキーの人類進化計画の存在、救世主への献身とその出現の予告、隠れたる聖者たちの存在など、神智学的、密教的真実を明らかにし、地球進化の旅程を示し、来るべき黄金時代到来の鐘を鳴らした。

綜合ヨガの内容についてさらに詳しく知りたい方は、田中恵美子『実践的綜合ヨガ』（竜王文庫、平成一〇年、初版・昭和六〇年）を参照されたい。ここでは、付属資料として、三浦が生前に行った綜合ヨガの講座「種子蒔き」を再録する。

三浦が他界して半世紀以上が過ぎ、その存在とその教えは歴史の波の中に消えようとしている。しかし、その先駆的働きは今一度光を当てられ、検証されて、意義が明らかにされる秋《とき》が来ていると信ずる。「温故知新」、歴史を識《し》る者のみが、新時代の扉を開くことができるからである。このつたない試みが読者諸氏の行く手を照らす松明の一つになれば、まことに幸いである。

なお、この書は「伝記」的ではあるが、同時に、三浦関造関係者の証言集ともいうべき性格を備えているために、いくつかの重複が存在するが、この点をご理解いただければ幸いである。まず、三浦関造生誕百年祭記念スライド説明会原稿を骨子とし、彼の子息、知人から見た三浦をたどり、さらに、詩人としての三浦、教育者としての三浦を描き、最後に、霊覚者としての三浦を示し、綜合的に三浦の人柄と思想・業績をたどることにする。敬称は省くことをご承知いただきたい。また、一部、語句を現代的に訂正することをご了承いただきたい。

第一章　三浦関造《かんぞう》の生涯

――三浦関造生誕百年祭時スライド説明会から――

今を去る三〇年ほど前の一九八三（昭和五八）年の竜王会全国大会（五月二・三日、日本都市センター講堂）で、三浦関造生誕百年を記念する会において、三浦を追想するスライド上映「三浦関造先生の生涯」（制作・丹下春雄）が行われた。内容は、当時、女性を中心とする勉強会で、三浦の後継者で長女・田中恵美子から直接聴いたものを基にまとめたものという。（注：「関造」の読み方については、三浦の英文書ではKanzoとなっているが、三浦の親戚では「せきさん」と呼んでいたという。）

三浦関造の人となりについての紹介文は、今はきわめてまれであり、竜王会会員はもとより、ヨガの実践者や神智学徒、及び精神界に関心のある人々にとっても、「温故知新」、綜合ヨガの原点を知る上で、貴重な史料であると思う。史料は、故海崎三智雄氏による提供である。

スライド説明会であるため、当時一コマずつ写真が写されたのであるが、現時点で写真は入手できるもののみを掲載し、文章は部分的に編者が調整しつつ再録した。

＊　＊　＊

「三浦先生・生誕百年記念、第一三回綜合ヨガ竜王会全国大会」は、「三浦関造先生とその教えの新時代への適応」というテーマで、昭和五八（一九八三）年五月二日（月）・三日（火）に東京都千代田区平河町二―四―一の日本都市センター講堂で行われた。五月二日は午前一〇時に開会式が始まり、開会の言葉の後、光明のマントラムや大祈願、誓願、瞑想が行われ、そのあとで田中恵美子会長の挨拶があり、続いて表彰、栗田明義理事長の挨拶があった。昼に記念撮影と昼食があり、午後からは、入我我入の行があり、その後田中恵美子会長の一時間半の講演がなされた。次に橋谷潔氏による講演「私の体験」と、田村武雄氏による講演「師の原点に帰れ」があった後で、いよいよ「三浦関造先生の生涯」と題する丹下春雄氏のスライド上映があった。夜は午後六時から夕食懇談会があり、その間に松原伸好氏によるスライド「ニコライ・レーリッヒ」があり、その後は自由交歓に入った。

翌五月三日は、朝六時から一時間田中恵美子指導の瞑想があり、九時から開会とあいさつと行があった後、深沢孝による「三浦先生と私」という講演が一時間あり、中野潤一らのスライド「入門神智学」、そして井上康江による講演「三密加持」があった。昼食後は、西尾靖子司会のもとに始まり、入我我入、そしてジェフ・クラークによる講演「アグニ・ヨガ」、また、高岡葉子によるスライド「召命」が一時間行われた。その後、二つの分科会「治療座談会」（講師：宇野彰紘、田中佑岳、明比田鶴子、井上康江ら）と「質疑応答の集い」（司会：武田勝弘氏）があり、フィナーレと閉会の言葉（栗田明義）で会は終わった。

初日のスライド上映は、始めに、字幕と三浦関造の写真が写され、以下のナレーションと共にスライドの上映が始まった。

「人は誰でも、偉大な先人の生き方を見つめる時、高められる存在としての自分自身の可能性に気づかされて戦慄する。

百年前、九州の片田舎、貧乏士族の家に生まれ、生涯清貧に甘んじながら五百点にのぼる翻訳や霊的著述を創作し、また、神秘哲学、綜合ヨガ統覚運動に全国を行脚、米国、アジア大陸、上海にて講演、ひたすら、真の自我実現を獅子吼し続けた人がいた。竜王会創始者、三浦関造である」。（「庭の千草」のＢＧＭが終わって生涯の説明に入る。）

一　幼年時代

時は明治、日清戦争により日本が遼東半島を占領した頃、明治一六（一八八三）年七月一五日、三浦関造《かんぞう》は、福岡県浮羽《うきは》郡千年村若宮（現・浮羽市吉井町）に生まれた。（生家の写真）

中央に母親のアケ、左後ろに関造

家は河南氏より分家した三浦氏で、若宮の三浦といわれる。（家系図　若宮の三浦の部分）

父は義任《よしとう》といい、村役場に勤め厳格であった。母の名はアケといい、無学であったが、非常に優しい人であった。（戸籍謄本）

兄弟は四人であったが、三男の義文は幼いうちに亡くなり、兄の修吾、姉のタケヨ、関造の三人となった。（謄本）

母親のアケは夫と子供の為だけに生きた慈母の典型のような人であった。写真は中央に母親のアケ、左後ろに関造が写っている。（アケ、関造の出ている写真）

兄の修吾は英語の教師で、熱心なクリスチャンであった。（修吾の写っている写真）

姉のタケヨは看護師（旧・看護婦）で、兄と同様にプロテスタントの熱心な信者であった。次男の関造は幼いころから兄と姉からの影響を強く受けたのである。（姉タケヨの写っている写真）

三浦関造の生まれた家は、筑後平野の中にあり、現在

も残っている。玄関につづく石畳は、全く当時と変わっていない。（生家の写真）
　近所には幼い頃遊んだであろう若宮神社という鎮守様があり（若宮神社写真）、月の岡古墳、日の岡古墳（いずれも装飾古墳）の史蹟がある。（月の岡古墳と日の岡古墳の写真）
筑後平野には筑後川が雄大に流れ、農村風景が続き、四節おりおりの花が咲き、のどかな場所であった。（筑後川、農村風景、花の写真）

生家の写真；左手には昔遊んだ柿の木

　ここで三浦関造自身の回想によってみよう。

　「私は一三歳の晩秋、庭の楓の巨木が金の落ち葉を振るい落としている中に佇《たたず》んで瞑想した。『汝は、生長して何ものになるのか？』という内心のささやきを聞いたからである。

　さまざまな未来の幻を画いてはぶち消し、遂にこう決心した。『どんな貧乏でもよいから詩人のような聖者になる』・・・と。

　落ち葉が散って、午後の傾陽が木立の幹に赤く燃えついているのを一心に眺めながら、この一念が決定した時、神聖な者に愛されているインスピレーションが背骨に振動して、脳裏に聖火が燃え上がった」（三浦関造『心の大空』竜王文庫、昭和二九年、昭和五〇年）。

　編集者注：この一三歳の体験の少し前のころの回想であろうか、三浦が自ら「回光」という想い出の文章を綴っているので、これが、転載された『至上我の光』（六三六号・

平成二一年一一月発行）から再録してみたい。

「・・・私は小さい時分から空がなつかしかった。蒼《あお》く澄み渡った空に心が惑溺した。「山の向こうの青い空」は、西洋の詩人だけでなく、私も子供の時分から懐かしかった。

一三歳の夏の一日、私は何年間か憧れていた山の向こうの東南の空にひかれて、ワラジ脚絆《きやはん》の出立ちで、あの山、かの山をこえ、高原を下ってまた山路を辿り、東西へと足をおどらせて訪ねて行った。遂に私は、驚異讃嘆おく能わざる奇巌怪石の岩山の懐に身を見出したのである。

一番高くそびえた巌山の峠近くには穴があって穴から彼方の蒼空を眺めることが出来た。「世界にはこんなスバらしい処があったんだ」と切《しきり》に感動していると、山は霧を濠々《ごうごう》と吐き出して谷を埋めてしまった。痛快とも物凄いともいいようのない中に、ポツンと一人立ちすくんでいると、ゴーッと唸《うね》りをあげて霧が消えていく。と何処から来たのか一人の異人が自分のまん前に立っている。私はお辞儀《じぎ》をしてその顔を見上げた。威厳のある異人！　澄んだひとみの叔父さんだった。叔父さんは右手を動かして何か言《もの》をいう素振りをみせたかと思うと、「家に帰ってまた来い！」といった。

私は突然目が見えなくなった。霧に目が覆われたかと思っていたら、いつの間にか我が家に戻って、蓮池の前に立っている。そこに母がいたから「母さん！」と呼んだら、パット家も蓮池も消えてしまって、私はもとの巌山の懐に立っている。狐につままれたような気がしたから、もうそんなことを考えないで巌山の下で清水をのみ、山々の姿を心に描いて、山にさよならをいった。

山を下ると麓に役場があって、そこに父がいたから立ち寄った（三浦の父は役場で働いていた）。家に戻った時には早、日が暮れていた。

「あら、あんた、お午《ひる》すぎ帰って来ていたじゃないの？」と母は私の様子を見て言った。

○

それから半世紀は早過ぎ去った。年を取ってまた若返ったような気がする。蒼空は今でも懐かしい。

いつの間にか、私は蓮池の辺《ほとり》に立って、東南の山の向こうの蒼空を見ている。ワラジ脚絆の出で立ちで山を越え、再び、巌山に辿っていった子供になっている。高い理性が笑って言う。「大空に感激していた少年の心を超人《アデプト》が知っていて、呼び寄せ、時空超越の実地教授を経験させてくれたのであると」。ああ楽しい。智慧の燈台は宇宙旅行の行き方を私に示す」。

二　師範学校時代

（夏服一人の写真）

この翌年、関造は高等小学校を卒業し、（福岡）県立福岡師範学校に入学する。福岡師範は現在、国立福岡教育大学になっている。

（生家の写真数枚）　（家碑写真）　（キリストの写真）

再び関造本人の回想によってみよう。（以下、三浦関造『人間の秘密』一一四〜一一七頁より引用）

一六歳の夏であった。一年余り病み臥《ふ》していた父が臨終を告げる夜であった。母が最後の水を汲んできてくれというので、井戸端に行ったが汲みたくない。井戸端に坐って祈った。

私は天地の秘密の中から神のみ手を引き出して、臨終の父を助けてもらいたかった。その淋しさ、苦しさ。神はとうとう助けの手を出してくれなかった。ヤカン一杯水を汲んで、鳥の羽根で父の唇をうるおしてやった。それで父は安らかにこの世を去った。夜が明けるまでまじまじと父の死に顔を見つめていた。

埋葬が終わったが父の死の印象が消えていなかった。キャンサー生まれ（蟹座生まれ）の私は、人並みすぐれて印象の意義を刻み付けられる性質で、死の印象は私を死の中に追い込めていく。「実在は死である。万物は悉《ことごと》く死ぬる。父は死んだ。自分も死ぬる。花も星も消えてなくなる。在るものは最後の壮絶な死だけ！」

そう思い込んでしまった私は庭に咲き出した花を見るのも、あかるい日の光を見るのもイヤになってしまった。美しいもの、明るいものは最も硬骨な死の仮象だと思えてならなかったのである。

私は淡暗い土蔵の中に引きこんでしまった。来る日も来る日も座ったまま。苦しみは刻々と毒牙をむき出して私を噛《か》む。死の大海が見えてくる。太平洋のように拡がった火の大海である。炎の激浪が打ちかけ、火の大渦巻が物凄く渦巻いている。「凡ての生類は遂にあそこに巻き込まれる」と思った。

その時初めて宗教を思ってみた。宗教はこの苦しみをごまかすために作られた小説だろう。しかし小説でもよい。こんなに苦しいなら麻薬みたいな宗教でもよい。こう思って私は土蔵を出て行って、神棚から祝詞《のりと》大祓いを、仏壇の下からお文様を、それから一冊あった黒表紙の聖書を土蔵の中に持ち込んで読んでみた。大祓いもお文様も文章はすばらしいと思ったが、求めるものは書いていない。虚空のようなものが誇張的に書いてあって、ちょっとも要領がつかめない。新約マタイ伝第五章を拡げた。邪教だと思っていたキリストの言葉が渇きを医《いや》す水のように流れ込んでくる。「悲しむ者は幸いなり」の一句で、これだと思った。何故悲しむ者は幸いなのか？　死を越えて、何か宇宙には人間の知らない秘密があるのなら、発見して見ようという一念が発起した。数学は回答出来ぬものはなかったし、文章はインスピレーションが書かしてくれるので、数学とインスピレーションで悲しみの神秘を開こうと思い、静座して一心に瞑想してみた。一時間たっても空々漠々《くうくうばくばく》で何のことか解からず、日はたそがれて土蔵の中は真っ暗になった。ガッカリしてぺたんと臥し倒れた。「意気地なし！」

内心が咎《とが》めるので再び起き上がって坐り直し、深い呼吸を数回くりかえしてまた瞑想に入った。

日は暮れて人の気配もないのに、どうしたのか、真っ暗な土蔵の中に静かに柔らかな光がさして明るくなった。怪訝《けげん》な感じというよりも、心に沁みこむ平和な、なごやかさを覚え、どうした光なのかとあたりを振り返ってみるとびっくりした。丈の高い白衣に輝く髪ふさふさとたれた聖なる者が私の傍《かたわ》らに立っている。その瞬間私はクリストだと思った。有りがたいような、畏《おそ》ろしさを感じて、ぺったり床に額をすりつけ、伏し拝んだまま頭ももたげ得なかった。音なき物凄い風が来て、私を世界の外に吹きとばしそう。体がぶるぶるとふるえて浮き上がる。一生懸命に拝んだ。すると一言「恐るるな！　選ばれた真理のみたまよ、不死の我ここにいる！」クリストのことばがひびいた。

その一言の奇蹟力！　一切は顛倒《てんどう》してしまった。わたしを束縛している苦痛の鉄鎖も、千斤の重りも飛んではねのけられた。中心から希望と喜びが天使の翼のように拡がって、光明の中に私は踊躍《よくやく》たる新生の奇蹟を見出した。頭を上げてみるとクリストは早見えず、壁にも天井にも光は消えている。しかし喜びと力は確実に私を死の恐怖から超越せしめた。真理の追求心は、この時から私の魂に目覚めたのである。

往古来今相通じ、見ゆるものと見えざるものと照らし合うことは、宇宙人生の一大秘密である。私は幼児の日から少年期にかけて、わが身にこの経験がハッキリとあったことを回想した。

（アデプトのお一人K《クート》・F《フーミー》大師の像画）（以下、『人間の秘密』一一七頁）

私は幼少の折からアデプト（大師）に遭い、アデプトに憧れて険阻な人生の急坂を踏み越えてきた。自分の仕事が順調にはかどって、予想外の機会に恵まれていた時には、自分の思想精神が、アデプトの思想精神に波長を合わせている時であった。険阻な坂道は一足飛びには踏みこせない。辛抱が必要である。永年の辛抱を必要とすることもある。しかし辛抱期間が永ければ永いほど、開ける気運は思いがけない幸福をもたらす。私は金銭に労せず、酬いを求めないで恵まれて来た。

（師範学校時代の写真、友人の写真）　（以下、『人間の秘密』一一九～一二〇頁）

二〇歳の春、私が師範学校を卒業する間ぎわだった。校長から奉職の希望者を申し出よという告示があった。みんな希望学校を申し出た。市内や町の優良な学校に、幾名も希望者があって、校長は決定に困った。私は校長室に呼び出され質問された。

「君は希望の申し出がないが、何処へ行くつもりか？」

「私は誰も行かない山ん中の小さな学校にやってください」

クシャンティ（苦痛を喜ぶ精神力）は若い時代から私の特徴だった。あとで校長は全卒業生を集めて厳しい訓戒を与えた。

「君たちはわれもわれもといい学校を希望して争っている。校長はその決定に苦しむ。ところが諸君の中には、一人、模範とすべき人物がいるぞ。誰も行くことを好まない山中の学校にやってくれというのである。それは三浦関造だ」

この時の校長は園田という人であった。・・・

三　（尋常）高等小学校教師時代

（編者注：明治三六年当時は現在と違い、六歳から九歳までの四年制「尋常小学校」、その上の一〇歳から一一歳もしくは終了時点一四歳までの、原則二年または四年制の「尋常高等小学校」があった。明治四〇年から尋常小学校は六年制、高等小学校は二年制になる。）

（朝羽高の手紙表、山の写真）

明治三六（一九〇三）年四月、関造は、福岡県朝倉郡の杷木《ひき》高等小学校教師として赴任する。杷木高等小学校は、現在、朝羽高等学校として残っている。この頃から雑誌等に投稿し、常に選に入っていた。また、テニスも人に教えるほどうまかったと伝えられる。

（母アケとあけぼの、菊生、関造の写真）

「私は田舎の小学校に勤めながら母を養って勉強した。英文の世界文学、哲学を玩味《がんみ》して、神秘哲人としての著作家になろうと志した。英人ワーズワス、テニソン、ロセッテ、スウインバーン、スペンサー、キーツ、ホイットマン、ホイッチャー、コーリッジからフランスの詩人に親しみ、二三の歳から大陸文学を耽読《たんどく》したが、遂に、トルストイとドストエフスキーだけがわが友となり、他の小説は捨ててしまった。ショウペンハウエルの恋愛と結婚に関する論文を読み、また、聖書の教訓を奉じていたから、性的には無事パスした。純潔な青春期は一生を支配する秘密である」（『人間の秘密』一二〇頁、一一行目〜一二一頁二行目）。

「私が二六歳の秋、母が仏壇の前に伏して泣いていました。「どうなさったの？」と聞くと、「人が来て、お前の悪口を言ったので、くやしくて泣いていた」。「私は、人から悪口を言われるようなことは考えてもおらず、してもいません。なんと悪口を言ったのですか？」泣く母は「月給が上がらないって」「お母さん！　月給が上がらんのは、私の成績が一番よく、また、私が有名な外国の本を原書で一生懸命読んでいるから、煙たくて部長やら校長が私を憎んでいるからです。そんな奴、お母さんを泣かせる奴の下で働くのはいやだから、教員は今日限りやめて、東京に行って一年間で成功して、お母さんに孝行します。今までお母さんに上げていた月給額だけは東京から送ってあげますから、それでいいでしょうか？」「それは多すぎます」「一年で立派に成功して、天下の三浦関造になって親孝行するからいいでしょう」「それじゃ行きなさい。一年なんて急がないで、四、五年かかってもよいから、私は死なないで孫と一緒に待っております」（『人間の秘密』一二一頁六行目〜一二二頁八行目）。

（修吾、ナミ、あけぼの、菊生の写真）

この写真は、兄の修吾と修吾の妻の奈美子（ナミ）、その子・あけぼのと菊生。大正三年に菊生は五歳の時、疫痢にかかり亡くなる。妻の奈美子はその前の明治四四年に肺結核で亡くなったので、あけぼのは修吾と関造の母アケがあずかって世話した。（編者加筆）

兄・修吾は、福岡師範学校を卒業し、広島高等師範学校の英語教師をした後に、鹿児島師範学校、そして姫路師範学校で教えた。修吾は奈美子没後に遠藤マツを後妻に迎え、一男・明三が生まれた。修吾も肺結核で苦しんでいた。鹿児島師範学校に生徒の鯵坂《あじさか》（小原）國芳に大きな影響を与える（編者加筆）

（三浦関造『二人の苦行者』の写真）

修吾とナミ（奈美子）の話は、後に関造の私小説『二人の苦行者』の中で画かれている。奈美子は、姫路師範学校創設時の教頭・泥谷良次郎（校長は野口援太郎）の妻の妹であった。奈美子が亡くなる時の状況は、『二人の苦行者』の終盤の「巻の五」に詳しい。（編者加筆）

（姉のタケヨの写真）

修吾の妹で関造の姉である長女のタケヨは、看護師として中国の北京に渡ったが、後に医師の福田康輔《やすすけ》と結婚した。福田医師はのちに東京青山で福田婦人科院を開業する。姉が青山に住んだことと、関造が上京し、青山学院神学部に入学したこととは無関係ではなかったと思われる。（編者加筆）。

四　上京、神学生時代

（三浦関造著『新約・旧約聖書物語』の表紙）

明治四二（一九〇九）年、関造は二六歳で青山学院神学部に入学し、大正二（一九一三）年に卒業する。聖書を原書で勉強し、同校の教授ベリー博士にかわいがられた。当時、関造は青山学院神学部で奨学金を得ることができた。下宿代は、外国人の通訳と日本語の教授をして稼ぎ、毎月、母に送金できた。神学校に入ってから、翻訳等の著作活動が始まり、以後、亡くなるまで、これが続いた。

（三浦関造訳『エミール』及び著書『喜び』の表紙とルソーの写真）

明治四四（一九一一）年五月、関造二八歳の時の家庭小説『喜び』をかわ切りに、世界文学としての『聖書』物語を翻訳出版し、三〇歳の時には、ルソーの大著『エミール』を翻訳出版する。『エミール』は重版三〇〇回を重ね、何百万冊も売れ、たちまち三浦関造の名は知れ渡った。

（関造と兄修吾の娘・あけぼのの写真）

母アケとの約束通り、一年経って母と兄の子どものあけぼのを東京に呼んで一緒に住む。

兄の上京

（兄・修吾の写真、修吾とあけぼのの写真、玉川学園・小原國芳の写真）

当時、兄の修吾は、姫路師範学校教師時代の大正一（一九一二）年に、イタリア人作家アミーチスの（教育小説）『クオレ、子どものための本』を『愛の学校』として翻訳し、ロングセラーとなった。この書に感銘を受けた成蹊実務学校（現・成蹊学園）創設者・中村春二の熱心な招聘《しょうへい》に応じた修吾は、大正六（一九一七）年に上京し、成蹊の機関誌『新教育』編集主任及び成蹊実務学校の英語等の教師として勤め、かたわら、『学校教師論』（大正六年）や『生命の教育』（大正一三年）など教育関係の書を著わす。

成城学園主事で、後に玉川学園を創設した小原國芳は、修吾の鹿児島師範学校教師時代の教え子で、修吾の影響を多大に受けた一人であった。この縁で後に、修吾の子ども達や関造の子ども達が玉川学園に、授業料無料で入学することになる。修吾は、結核に侵されていたため、教師をするかたわら、病院通いを続けた。兄の修吾が上京し、娘のあけぼのは、母がすでに結核で病没していたので、関造とその母のもとに引き取られた。その後兄はマツという福島出身の女性と再婚し、明三が生まれた。

五　副牧師時代

題字：「結婚、弘前へ」（結婚の写真：関造・ハル）

三浦関造は青山学院大学神学部を大正二（一九一三）年三月に卒業し、三〇歳のときに豊田ハルと結婚する。そもそものなれそめは、豊田家も関造と同郷にあり、豊田ハルが福岡の把木高等小学校での教え子であり、ハルの兄は二人おり、二人とも東京の大学で勉強するために上京していた。豊田ハルの父はハルが三歳の時に亡くなり、母のきんがハルを育てていた。ハルは高等小学校を卒業し、兄

のいる東京に上京し、青山学院の宿舎に入り、青山学院高等女学部に通うことになる。また、母のきんも上京し養育園の寮母となる。

ハルの上の兄は豊田実といい、東京大学を出て青山神学校に入るが、そこで三浦関造と同級となり、その縁もあって、関造とハルは結ばれる。後に豊田実はケンブリッジ大学を出て、御茶ノ水、九州大学教授を経て、青山学院院長となる。（注：関造の親戚の知るところでは、恋愛結婚）

題字：「副牧師時代」（弘前城と桜並木、弘前キリスト教会、礼拝堂写真）

三浦関造は、大正二年四月にプロテスタント・メソジスト教会の副牧師として弘前キリスト教会に派遣される。弘前では青山学院で同級の阿部氏の家に一緒に住まうことになる。

三浦関造は、のちに西洋民謡を訳して、「ローレライの歌」「庭の千草」「アンニローリー」等を日本に始めて紹介する。

（弘前風景、リンゴ園などの写真、そしてこれらの音楽を流す）

「北国の緑さやかにすきとおり、神の国づさ君に来る」

六　文筆・教育活動時代（一）

題字：「再び東京へ」（弘前風景）

弘前における副牧師としての三浦関造は、牧師としては型破りで、あまりにも神秘的かつ異端的であった。東北での冬は寒く、酒でも飲まなければならない程の寒さであった。そのような時ハルはお腹に子供ができたこともあり、寒いところでのお産は大変だとのことで、東京青山六丁目で、姉のタケヨが産婦人科医と結婚して開業していた関係で、副牧師を辞めて、同じ青山六丁目に引っ越すことになった。（注：別の解説文では「・・・そのため、教会を追われ」と記してある）

題字：「子どもの誕生と母の死」（恵美子写真・暁一写真・母アケ写真・謄本）

大正三年四月に、青山南町六丁目五番地でハルは長女の恵美子を出産する。その年、母アケが病死する。本当に慈母の典型のような人であった。

壮年期の三浦関造（田中盛二氏提供）

翌大正五年六月には、長男暁一に次ぎ、次男宙一が生まれる。父としての関造は、子供を可愛がり、子供のよいところはとてもほめる父であった。

関造は、食事は淡泊なものを好み、めざしや、ほうれん草、おしたしや、ソーメンにコショウをかけてピリッとしたところが好きであった。

（文筆中の写真）

この間にも関造の文筆活動は途切れることはなかった。

（ロマンローラン、ドストエフスキーの写真、『闇を破って』の表紙）

大正三年に、ロマンローランの『ジャンクリストフ ― 闇を破って ―』、十月にはドストエフスキーの『カラマーゾフの兄弟』を訳し初めて日本語で紹介する。

（『（森林哲学）生の実現』、タゴール写真）（『埋もれし世界』）

大正四年二月にはタゴールの『生の実現』を出し、ヒットする。関造はタゴールについては徹底的に研究し、『六合雑誌』や大正六年出版の『神学文研究』等にタゴールの思想を紹介したり批評を載せたりしている。また同年にトルストイ『人生』を出版。

大正四年十二月発行の（ソローやホイットマンを扱った）『（森林哲学）生と自然』の序文に当時の生活をこう告白している。「私の収入は途絶えている。少しの蓄えもない。何か書かねばならぬ。こう思うと、心は騒いで何も書けない。・・・幾日かをカントの哲学、ロンブロゾーの犯罪学、米神智学協会のポイント・ロマ版の星学を読み暮らした。それがみな私には非常に面白かった。カントの思想の強く響いたこと、科学者なるロンブロゾーの犯罪論に興味と人間性の深かったこと、ブラヴァッキーの天才から来た偉大な発見があったこと等、私には、喜ばしい読書であった」。

大正五年十二月には、『神秘主義』、『埋もれし世界』を出版する。

（トルストイの写真、プラトン、ペスタロッチの写真）

また、大正六年十一月には、プラトン、ペスタロッチ、トルストイ等の教育論集『教育文学十講』、大正八年九月に、『日本道徳』と『最近社会思想』、十二月に『新生の曙』を出版する。

家は、青山から豊島区巣鴨の宮仲に越し、三男日朗が誕生する。当時関造は、いろいろな思想に接し、クロポトキンや無政府主義者の神近市子等とも関わりがあったらしく、刑事が二人ほど家の周囲で見張っていたこともあった。そのようなこともあって家は三軒茶屋に移った。家は家計が苦しくなり、家賃も払えなくなって来た。

題字：「横浜へ」（横浜風景）

そのような時、青山学院の先輩で関根という人が横浜で東洋汽船の重役をやっており、横浜の会社に来ないかということで、関造は嘱託としてその会社に就職したので、一家は馬車に乗り、横浜市神奈川区柳町九八八に引っ越す。

（横浜柳町での写真：関造、宙一、暁一、日朗、恵美子）

関造は大正八年、三六歳のとき、会社勤めには天性向いていなかった。会社勤めは半年ほどでやめ、再び文筆活動にもどる。

このころスペイン風邪が日本全土を覆い（注：大正七年から八年にかけてインフルエンザ「スペイン風邪」が大流行し、多くの死者が出た）、三浦家でも一家全員が倒れる。関造は家族の看病で無理をし、肺炎になる。修吾は病体を押して東京から看護兵を伴い見舞いに来る。

題字：「兄の死」（修吾の写真）

兄の修吾は、大正九年に結核が悪化して死亡する。修吾の子のあけぼのは成蹊学園を卒業して東京女子師範学校を出て教師となるが、父の病気に感染したのがもとで、奉職一年も経ず亡くなる。

関造は兄のことを、「何をやっても兄にはかなわなかった」と言っていた。関造は内村鑑三と会った時に、内村鑑三から、三浦修吾が立派な人であったことを聞かされた。（内村鑑三の写真）

（『黙示の四騎士』、トルストイ、親鸞の写真）

大正九年に『生に徹する芸術』

大正十年四月に『黙示の四騎士』、六月に『新人文主義の教育』と『西洋民謡集』、七月に詩集『祈れる魂』を出し、翻訳を止め、独自の思想に基づく創作を決意する。十二月に『二人の苦行者』を書き、兄と自分の生き方を見つめる。大正十一年には『トルストイ童話集』、七月に創作『親鸞』、大正十二年六月に、『革命の前』、大正十三年に『新心理学』(翻訳)を出版する。

『祈れる魂』の序文に関造は、次のように述べている。

「私はやむを得ない事のために十年間、宗教、文芸、教育に関する翻訳を仕事としてきた。しかし、最初に訳筆を執るに至った時から、自分の天分が他にあらねばならぬと信じていた。・・・私は十年絶えず本願の道を拓《ひら》いていないのではないかという痛ましい声を心に感じていた。・・・ついに十年は経過して、係累《けいるい》(注：面倒を見るべき家族)を負うべき唯一の生活手段(翻訳)を放棄して、新生活の天地に踏み出した。貧窮も危険も私からこの自由を奪い取ることはできない。本書は私が新生活へ踏み出す角笛《つのぶえ》の響きであり、祈願である。収められた詩の大半は、私が過去八年にわたる、苦闘の中から得てきた収穫である」。

七　文筆・教育活動時代(二)

(関東大震災の写真)

大正一一(一九二二)年、関造三九歳の折、柳町で四男の雷造が誕生し、家は東神奈川と白楽との間の平尾前に移る。

大正一二年九月にここで関東大震災に遭う。震災の時、関造は神田の出版社に原稿料を取りに来ていて、それをもらって帰ろうとしたところであった。一方、家の方はぺしゃんこにつぶれ、台所では、釜が倒れ、雷造がお腹にやけどを負ってしまった。関造は東京から横浜まで歩いて、震災の惨事を目のあたりにしながら夜中に家にたどり着いた。寝る場所がないので、掘立小屋を作り、そこで少しの間暮らすことになる。その生活は特に苦しかったようである。

（『自然』の写真）

家は鶴見の東寺尾に越し、そこで大正一四年に読者との心の交流を得るために月刊誌『自然』という同人誌を発行し始める。ここで初めて、集団による活動の第一歩が踏み出された。そして出版時には、手伝いの者が家に出入りするようになった。


「自分はなお精進して、いいものを書きたい。書いたものに対して読者の感想を聞く折を得たい。そうした読者との間に人間としての深い接触を、今後の著述と共に実際に進めたい。今迄の経験上、一作ごとに退隠して、おのずから交友関係が疎遠になるのは、何ともいえず、不本意な自分は、その気持ちを満たすため、長期創作と共に月刊の小さな個人雑誌『自然』を出すこと数号を重ねた。創作において新境地を開くことが出来るとすれば、この小雑誌においても、実際生活上の交渉が発展していくことであろう」、という『自然』誌発行であった。

（一家の写真）

次女の瑞子《みずこ》が生まれ、にぎやかになり、教育関係の出版や講演活動も多くなり、教育界より注目されるようになった。

（丹波氏の写真）

関造の子供達:左から恵美子、暁一、宙一、日朗、そして前列が瑞子。

『自然』を発行していて関造と知りあった丹波節郎氏の思い出を聞いて見よう。
(丹波氏の録音テープ何ヶ所か、三〜四分)

(『旧約聖書物語』『聖者あらたに生まる』『新約聖書物語』『愛は貧に輝く』『永遠の鐘』『生長する愛の魂』『石長姫』の表紙、ペスタロッチとプラトンの容貌)

大正一四(一九二五)年一月に『旧約聖書物語』を出版、五月には、金光教を取材して、金光教祖のことを記した『聖者あらたに生まる』を出版、一〇月には『新約聖書物語』、一一月にはペスタロッチの業績を伝える教育創作『愛は貧に輝く』、大正一五年五月には、プラトンについて書かれた『永遠の鐘』及び『生長する愛の魂』、一二月には、古事記よりの創作『石長姫』を平凡社から出版する。三浦関造は三浦葦彦など、ペンネームを多く持ち、出版物によって使い分けた。

題字「再び東京へ移転」

(「金の玉」、七朗氏の写真)

昭和の初めに「金の玉」という川面凡児《かわづらぼんじ》(注:一八六二〜一九二九年、大分県宇佐郡の宇佐神社付近で生まれ、明治一八年に上京、新聞の主筆などを経て、明治三九年に「大日本稜威会《みいず》」を設立。禊法《みそぎほう》の完成者、神道家、預言者。文献に、『川面凡児全集』全十巻(八幡書店)、宮崎貞行『宇宙の大道を歩む ― 川面凡児とその時代 ―』東京図書出版、二〇一一年)という霊覚者が主催していた、神道系の団体と関係が出来、新大久保の「金の玉」教団の屋根裏部屋に一家は移り住む。長女、長男が東京の学校に入学したためでもある。

新大久保では五男の七朗が生まれ、長女の恵美子は玉川学園から青山学院に移り、長男の暁一は新宿の府立六中から玉川学園に入る。次男の宙一、雷造も玉川学園に通学する。日朗は府立六中に通う。

当時の玉川学園では、生徒が田畑を耕し、鶏を飼って卵を採るなど、自給自足の生活の中での教育が行われていた。

（『純愛の学校』『黎明の聖女』『日本より全人類へ』表紙）

昭和二（一九二七）年七月には、六〇万人を救い出した人の話がある『聖書物語文庫』、一一月には、『純愛の学校』、昭和三年四月には、『聖女しずかに語る』、昭和四年一月に天理教教祖のことを書いた『黎明の聖女』及び『日本より全人類へ』（復刻版『霊性の体験と認識』が平成17年5月、竜王文庫より出版）を出版する。『黎明の聖女』が平凡社から出版されたのは、当時、平凡社を創った下中弥三郎が、学生時代に三浦関造の翻訳本『エミール』を読んで、関造と親しい友人関係にあったからである。下中氏と関造は以後、亡くなるまで親友であり続けた。

八、アメリカ旅行

（ブラヴァツキー、オルコット、神智学協会、ベサントの写真）

関造は、アメリカの神智学協会のことを知り、アメリカ講演旅行を計画するが、お金がなくて困っていると、（平凡社創業者・社長の）下中弥三郎の口利きで、往復船賃の三〇〇ドルを日本郵船の社長が出してくれることになった。『日本より全人類へ』（注：昭和四年九月、モナス社より発行）の著作後、（昭和五年）、題名通り、世界の舞台で獅子吼をしようと渡米し、ポイント・ロマの神智学協会（米国本部）を訪ねることになる。

神智学やブラバッキー、ヨガ行者等のことは、大正二、三年の著書の中にも見られるが、神智学協会との初めての交流は、アメリカ行によって実現された。神智学協会は、ブラバッキー夫人とオルコットによって創設された現代の神秘学団体である。

関造のアメリカ行きには、ある啓示があり、その啓示通りに、前夜になって汽船賃を恵まれたと記されている。船は横浜からハワイ経由で西海岸に着いた。船中で幾人もの体の不自由な子供たちを治療し、治してしまう。

「一念水平線上に踊れば、超人の心眼開け来たり」（朗読）

アメリカ上陸のとき、（当時）米国では外人に対しては一定の金額以上を持っている者だけに入国が許されたのだが、関造にはそのようなお金はなかった。運の良いことに、（下船の時）関造の後ろにいた、船内で子どもを治してあげた（富豪）ロックフェラー家一族が関造のことを保証してくれたので、関造は無事、入国することが出来た。

『人間の秘密』（一二三最終行〜一二六頁一〇行目）に、アメリカの神智学協会を訪ねたときの記述がある。

「昭和五（一九三〇）年春四月、焼けつくインペリアル・ヴァレイから、メキシコ国境を終日ドライブして、サンディエゴに行く。その翌日ポイント・ロマのセオソフィー大学平和宮で、教授学生一同のために私は講演（英語で）をした。演題は「日本の神秘」であった。翌日、大学総長が、州南部の会員を集めて講演したので、私は招待されて参加した。総長は、「昨夜日本から一学者がわれわれの為に印象深い講演をされたので、それを取り次ぎ講演する」といって、私の講演を自らの口調で再演した。次に紹介する通りである」（省略）。（注：この講演では、芭蕉の「古池や・・・」の句が一心集中の禅定から創られたと述べ、芭蕉の神人合一の境地を述べている。）

「北米でホテル代も払えなくなったとき、じっと瞑想した。そして、「俺の出来ることは難病を治してやることだ！」、こう気がついた。ちょうど幸い、ホテルの主人が中風で六年間も寝たきりであった。まずこれに治療を試みた。翌朝主人はベットから起き上がって、自分の体の自由なことに気付いて、「あなたは神様だ」と(関造に)抱きついて喜んだ」。

(ウイリアム・ペリー写真)

関造はアメリカにおいて、ウイリアム・ペリーとも接触し、手紙のやり取りも増す。キリストに天啓を受けたウイリアム・ペリーは後に、ユダヤ金権に踊らされる米政府に抵抗して、日米戦争を未然に防止しようとするが、投獄されてしまう。

関造は、アメリカで、第二次大戦以前のアメリカの豊かさと、陽気なアメリカ人の雰囲気に感化を受けて日本に帰ってくる。

注：関連記事

二〇〇四年四月号『至上我の光』（五六九号）に、前竜王会会長・大島七朗氏（三浦関造師の七子）による寄稿文があるので、参考に以下に掲載する。

「・・・父は私が五歳の頃、米国の諸大学で比較宗教、宇宙の神秘、科学と超科学、教育学を講ずるために、片道の船の切符と僅かな金銭を持ち、横浜港から旅立ちました。横浜港で父を見送ったのは母と私だけでした。埠頭《ふとう》からピンクのテープを投げかけた時のことは生涯忘れられません。

父は船の中で、医者から見放された米国人の子息たちの病を癒しました。中でも小児麻痺の子が父の念力で静かに立ち上がることが出来るようになったことは、船中での大ニュースになったとのことです。

ロサンゼルスに船が着き、入国検査が行われました。特に東洋人の入国は厳しく、金銭を所持しない者には入国許可が与えられなかったそうです。検査は父の番になり、「あなたはドルを幾ら所持しているか」と問われた時、父は「百万ドル持っている」。「銀行は天国だ」と言ったところ、検察官は「こういつは狂人だ、上陸はならぬ」と大声で叫んだそうです。その時、父の後ろにいた米国の富豪（ロックフェラー家の人）が、「ドクター・ミウラの言うとおり、私が保障する」と申し出たそうです。

父は無事に上陸し、約二年間、米国の著名大学等で講演を行い、帰国しました。驚いたことに、横浜のグランドホテルの一階ホールは出迎えの方々で一杯でした。その中には多くの著名人、ＮＨＫラジオ、新聞の方々も含まれていました。二、三日後、父がラジオ放送を行ったことを私は今でもはっきり覚えています。・・・」

九　帰国後の文筆活動と教育講演活動

（イツ子写真と関造写真）

アメリカから帰ってみると、家は杉並区松原のきれいな借家に引っ越しており、そこで三女イツ子が生まれる。

文筆活動と教育講演活動でまた忙しくなる。県庁の教育課等の依頼による講演も数を増し、中学校、女学校、高等学校、師範学校等で講演する。昭和一〇（一九三五）年頃までに（三浦は）相当有名になった。講演は力強く、聞く者すべてに、生涯忘れられぬ感動を与えた。講演会では、いつも五〇〇～六〇〇人の教師たちが一日中学校を休みにして聴講してくれた。

家はまた引っ越し、上落合一―四九五に三、四年間落ち着く。

（『心霊の飛躍』、『大号令下る』）

昭和七（一九三二）年に『心霊の飛躍』を出版する。

昭和九年に『大号令下る』、『神国日本の啓明』出版、昭和一〇年に『聖書物語モーゼ』を出す。

講演旅行も多く、家に長い間帰れないことが多かった。家の方は、財に窮してしまって、六か月の家賃が払えないこともたびたびあり、その都度引っ越しが繰り返され、昭和一〇年に家は落合に越した。

（朝鮮、台湾、満州の写真）

教育講演では日本国内はもちろん、朝鮮、台湾、満州各地を幾度も廻った。

（月刊誌『朗らかな道』）

昭和一〇年頃、関造は、アメリカでつぶさに見て、かつ感じたデモクラシーの空気と陽気なアメリカ人の雰囲気に比べ、日本人の雰囲気が暗く、陰湿なところがあるのを感じ、精神的月刊誌『朗らかな道』を始める。

貧しくとも、逆境にあっても、ユーモア、朗らかさがなければ廃墟の中から不死鳥は蘇らない。ユーモア、朗らかさこそ、不死鳥がよみがえる秘訣であると説いた。内容はあくまで教育的、精神的なものであった。

その頃日本の政治に軍部の影響が強くなり、関造の出版物にも軍事的な色彩を入れるようにと強要されたので、『朗らかな道』を廃刊にしてしまった。

（『日本より全人類へ』『日本は神国也』）

昭和一一（一九三六）年四月に、『日本より全人類へ』を出版。一二月に『日本は神国也』を出版する。家は昭和一二年に渋谷区隠田三丁目一六七番地に越す。

（『宮本武蔵』、植芝盛平（高盛）の写真、千利休、光明皇后、法華寺の写真）

関造は、黒住教、金光教、大本教等の思想にも詳しかったが、武道についても詳しく、宮本武蔵の『五輪の書』を精読し、当時、合気道の創始者・植芝盛平とも会って、武道の真髄について話し合っている。また、茶道の精神についても、千利休等についてその著書で紹介している。また、古くは奈良時代の日本の霊的文化の高揚に役割を果たした光明皇后を紹介している。

（「神国道場」）

昭和一二（一九三七）年に関造は原宿の隠田で「神国道場」を始める。今の表参道わきの古いアパートのある場所の端《はし》のところである。

神道の中には、密教があり、瞑想をすれば日本こそ世界の中心であることがわかる。日本は神の国だ。関造は瞑想によって、日頃そのことを実感していた。その神の国は、軍隊の言う神国ではなく、忠君愛国でもない、日本精神であった。

（大本教、大嶋豊）

関造の友人に出口王仁三郎という大本教の教祖がいたが、そこで大番頭役をしていた満豪義塾、高等師範学校、東大出身の大嶋豊という人と知り合いになった。大嶋豊は後に東洋大学学長になった人である。

（戸塚町）

家は隠田から東京市淀橋区戸塚町三丁目三三九番地に越す。

一〇、太平洋戦争時の活動

（太平洋戦争、真珠湾爆撃の写真）

関造は、米国と戦争すれば負けるということをよく知っていたので、戦争をすべきでないと、大嶋豊を通して戦争回避を総理大臣・近衛秀麿に直訴した。その結果、近衛秀麿から、海軍と陸軍の仲が悪く、分裂状態にあるので、「君は国家宗教統一運動を起して戦争をやめさせるよう努力してくれ」との返事がきた。関造は、海軍の真珠湾攻撃前に、戦争に反対し、陸軍と海軍に対して建白書を提出した。陸軍の荒木貞夫大将という人は、宗教的なことに理解ある人であったので、その意見に賛成であるとの連絡が関造にあった。しかし海軍は真珠湾攻撃を決めていたので、（関造の意見を）聞かなかった。そこで、荒木大将は昭和一五年に、関造の身を海軍から守るために、亡命のような形で自由都市上海へ逃した。このとき関造は五七歳を迎えていた。

外務省顧問の藤沢親男《ちかお》という人が、残された関造の家族（当時戸塚三丁目に在住）に陸軍からの生活費を渡していた。この藤沢親男という人は、戦後に関造達が神智学協会を開いたとき、通訳をすることになる。藤沢氏からは、中国と仲良くするよう、上海で活動してくれとの連絡があったという。

○上海にて（三L運動の文字）

関造は、昭和一五（一九四〇）年から上海市内の一宇荘に下宿し、スリーエル運動を展開する。スリーエルとは、光（Light）、愛（Love）、自由（Liberty）の意味で、世界宗教同胞会を組織する。光と愛と自由の美しいハーモニーがなければ、真の平和は達成できないことを、戦争のさなかに、上海、満州、モンゴル等で説いて回った。西尾靖子女史の父が奉天やハルピンで関造の講演を聞いたのもその頃であった。

光にはいろいろな色があり、知性もある。光がなければ生きられない。人間は三次元だけでは幸せになることはできない。愛と自由があってこそ、幸せになることができる。人間は生まれる前どこから来て、死んだあとどこへ行くのかもわからないでは、現在の本当の理解は得られないことを、神智学をもって説明した。

同じころ、関造の子供達も徴兵され、暁一は中国へ、日郎と雷造は満州の北支《ほくし》へ、宙一は北京放送局から軍隊に入る。雷造は北支からモンゴルの義勇軍に入った。父の関造は、モンゴルの雷造の所にも訪ねて行った。

○（上海での英語出版物、英詩出版物、英語創作）

関造は、上海で毎週一回、五年間にわたり英語で神智学等の神秘学を、上海に在留していいた外国人たちに講義した。英文著作でも *Thus Spoke a Prophet*（預言者はかく語る）、*Shintoism*(神道)、*Enlightenment of the World*（世界の啓明）、*The Symbol of Tomorrow*（未来の象徴）、*Flashes from our Faith*（信仰のひらめき）、*The Mystic Brotherhood*（神秘的同盟団）他一〇冊を出版した。（『人間の秘密』一三六頁〜一三九頁参照。）（注：ここには、「諸外国人に英語の説教」というタイトルで、上海での説教への反響が記されている。後日、日本銀行総裁になる新木という紳士は三浦師の話に感心し、三浦師に経済的後援があるかないかを聞き、ないと答えると、経済的支援を申し出て、大金を渡してくれたエピソード、ドイツ人・マイヤー氏からも援助を受けたこと、また、これに続く別の個所では、三浦師は敗戦後に三〇〇人ほどのモップに取り囲まれ、さんざんに殴られて、失明転倒、死人同様の状態に落ち入ったが、「千里眼を見開いて、超然災難を神の栄光に変化させてみせる」と思ったら、見えない眼が見え、立たない足が立ったので、通りがかった車に乗って悠々とその場を去り、モップたちをドウチャクならしめた」と記されている。）

戦争は激しくなり、日本の円は暴落のどん底に落ちて理髪代が一万円にもなったが、いつも不思議に援助者が現れた。敗戦後は暴徒に迫害を受けたこともあった（注：右の事件のこと）。上海では、浅野健吉、関口野薔薇などが聴講している。

（編者注：以下に、『至上我の光』第七一号（昭和三五年二月）掲載の、竜王「上海の私」を転載する。）

「満州事変勃発前後二ヶ年、私は米国に講演して廻っていた。その時、米国の神の人、奇蹟人、大預言者として有名なウイリアム・ペリーは、私に一書を呈して言った。「君の英文著書を読む。君と僕とは同じ者だ。君が日本に戻れば僕と同じ仕事を推進する」。当時ペリーはフォード、リンドバークを高弟に、四百万人の信者を持っていた。

私が米国から帰朝した時、ペリーの動向はこういう事になった。「米国は日本征服を目標に、世論を進めている。これは間違いである。米国は日本と協力しなければならない」。

私は再び渡米してペリーの団体の中に入り、黒人英雄会とペリーを結び付けようと念願した。「米国が日本と戦うなら、日本に援助し、日本の勝利のもとに、アフリカ諸国を再建する」というのが、黒人英雄会の目的だったからである。

グルー大使がしばしばご親切なお手紙でお示しくださったが、船が出なくなったので、私は上海に行くことを決した。外国のドコに行くにも体一つ行く私である。上海ではまず、ペリーの政治経済論文をパンフレットとして出版し、百五十人の欧米人の会員に配った。外字新聞にはつづき物の文を発表した。イタリー大使は私を招待してくださって仰せくださった。「貴方が新聞にお書きの文は、英国一流作家の英文と同水準で、私にとって非常な喜びと讃嘆です」

右、百五十名の会員の為、私は毎週一回、英語で講演していた。日本領事館からも御援助があったが、ドイツの豪商マイヤー氏は毎月七万円を献金して私を不自由なからしめてくださった。

日本人としては、後の日銀総裁、米国大使・新木新吉様、元の大蔵大臣・小倉正恒様が御参加下さって新木様の仰せ。「私は世界の至る処の団体に接しましたが、未だこの団体のように、一日本人が多くの白人に英語講演で指導して居られる美しい団体に接したことはありません。豊富なヴォキャブラリーの立派な英語にはスッかり感心しました。貴方は随分資金が御必要でせうが、資金がありますか」（と聞くので）「私は資金を超越してやっています」（と応えました。）

「それはイカン。私が作ってあげます。私に任せておいてください」。こう言って新木様は、三日目に当時の相場で、数千万円をつくってくださった。だから私は財的には豊富に恵まれ、貧乏を超越して仕事ができた。当時の外国人は私を慕っている。

一一　戦後神智学会時代

（一家の写真）

関造は、終戦の昭和二〇（一九四五）年に、戦後の引き揚げ船で（埼玉県？）戸塚三丁目の借家に引き上げてくる。関造六二歳であった。相変わらず住居には苦労し、各地を転々とする。子供の暁一は三井銀行の寮に入り、宙一は大宮のＮＨＫへ。日朗は川崎の東芝へ。雷造は大阪に住まう。家は次女瑞子《みずこ》の嫁ぎ先（東京都杉並区）高円寺の大和町に越す。

（『スターズ・アンド・ストライプス』の写真）

そして、『スターズ・アンド・ストライプス』（星条旗紙）というアメリカの新聞社の日本支社に勤め、ストーリー・テラー（物語作家）になる。日本の新聞の宗教・教育面の記事を『星条旗紙』の編集員に話して聞かせる担当になり、勤めは二年間続いた。

（戦前の『神国日本の啓明』及び『日本は神国也』写真）

『神国日本の啓明』及び『日本は神国也』の二冊がヒットラーやムッソリーニをほめている等の理由で、GHQによって出版禁止、没収となり、パージ（追放）となり、公職につけなくなる。

（神智学会の結成・蔵前工業会館）

『スターズ・アンド・ストライプス』紙上に、関造の神秘的な話や聖書の話がどんどん出てくるので、関造は日本に駐留している米軍の神智学協会のメンバーを紹介された。米国総司令部のカーネル・トースト大佐や占領軍軍属で熱心な仏教徒のブリン・クレー氏と話し合い、昭和二二（一九四七）年に彼らと、新橋駅前の蔵前工業会館で月一回、神智学の集会を始め、神智学会ミロク・ロッジを結成する。

（ブラヴァツキー、オルコット、ベサント、リードビーターの写真）

新橋蔵前工業会館での月一度の集まりは、夜の六時から九時ころまで行われ、出席者はアメリカ人、占領軍関係の神智学協会会員、イギリス人、中国人、オーストラリア人、日本人は外務省関係者たちであった。講演者は三浦関造、カーネル・トースト大佐、イギリス人のブリン・クレー氏で、すべて英語で話された。通訳は外務省の藤沢親男氏がしていた。日本人の出席者には、世界連邦会長で平凡社社長の下中弥三郎氏や東洋大学学長の大嶋豊氏がいた。

（マイトレーヤ・弥勒菩薩の写真）

ミロクロッジの集まりは二年間続いた。ミロクロッジのミロク（弥勒）は、マイトレーヤ、つまりキリストのことを言い、未来の救世主であるが、本来の自己であるとも言える。このことが後に、大救世主という言葉につながっていくことになる。

高円寺の家には、すぐにその家の母が引き上げてきたので、家は（東京都）下大崎二―二八に越す。家族は、夫婦と子供の七朗、いつ子の四人であった。そこでも神智学の集まりは続けられた。

（金光教・嶺村氏写真）

関造の友人に、当時金光教の嶺村という霊能者がいて、全国の霊能者が入り浸っている家があった。関造の娘の瑞子はそこで事務員として勤めていた。関造が大嶋豊と知り合ったのは、嶺村氏のところであった。大嶋豊は満蒙義塾、善隣（？）高師、東大の出身であった。

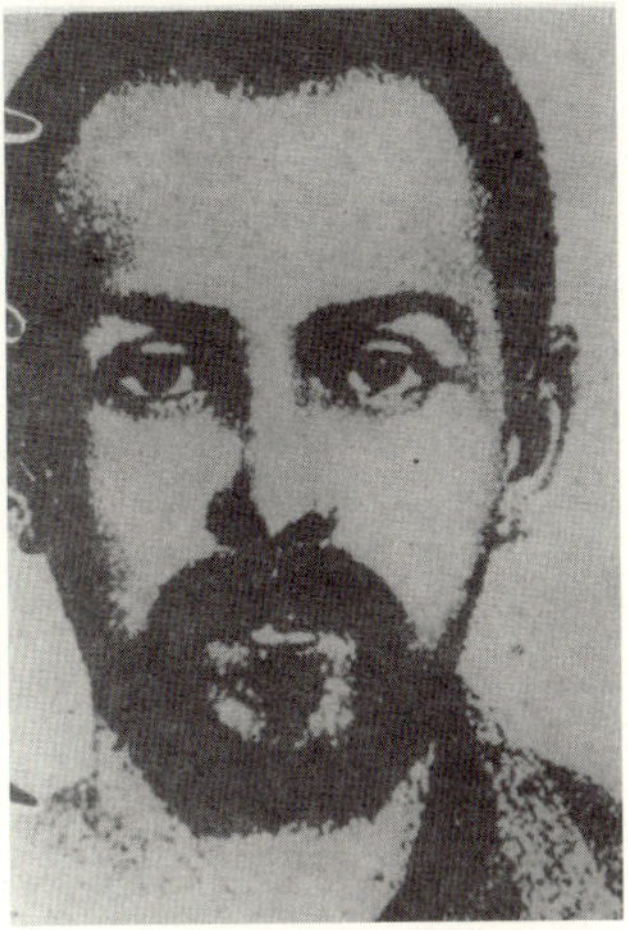

ジュアル・クール大師

（ジュアル・クール大師、アリス・ベイリー、ドウリル、弘法大師、高野山の写真）

神智学活動をしている間、関造は、自分を幼いころから導いてきた「誰か知らない良い人」との不思議な交流が頻繁になる。

終戦の翌年、『人間の秘密』の一四〇頁八行目から一四〇頁の終りに記されているように、本もないのにいろいろな知識を知っていたり、後にアリス・ベイリーの団体やドウリル氏やアグニ・ヨガ等に関与《コネクト》していくのも、内なる指示によったものであると推測される。『人間の秘密』には、こう記されている。「終戦の翌年、私がニューヨークのマックラー・フリン氏（ジュアル・クール大師の秘書）に提出した『東亜世界使命に関する具体的プラン』は、ジュアル・クール大師（現在ジュアル・クール仏と称せられる）によって読まれた。その時大師は、「日本からオカルト・サイエンスが現われて、世界新文明の進歩に貢献する」と言われたとの伝達が、マックラー・フリン氏からあった」。

一二　神智学会解散と竜王会の設立

関造は、神智学会をしている間に常に思っていたことがあった。すなわち、神智学を通して、人々は自分の中に潜む神性を知ることが出来、死をも恐れず、喜んで日常生活に精を出し、真の幸せをつかみ得るはずであると考えていた。この幸せをすべての人々と分かち合いたいと切実に思っていた。そして、だがどうして人々が来てくれないのかという、一般の人に対するやるせない気持ちがあった。

この気持ちから、方法論としてヨガを導入することで、神智学理論を実践する方向が開けると思い、ヨガと神智学を結び付けて、打ちひしがれている日本人の敗戦後の心に光を灯そうという情熱が燃え上がった。

（鞍馬寺、信楽《しがらき》管長、鞍馬集会、ウエサク祭指導の写真）

関造は、ヨガと神智学を広めるため全国旅行の際、（京都の）鞍馬寺に立ち寄り、鞍馬寺の信楽《しがらき》管長と知りあい、同寺で古くから行なわれていた五月の満月の祭（ウエサク祭）の意味や、鞍馬寺が、古くはクマラと呼ばれていたものがなまったことなどの由来を明らかにし、寺が建てられた目的や、本尊がサナート・クメラと言われる地球霊王であることを、住職であった信楽管長に説いて聞かせた。

信楽管長は、関造の言うことで、現在やっている、意味の分からない祭りごとの謎の意味が解けたこともあって、非常に喜び、以後、関造の団体との交流が多くなってゆく。後に竜王会の集会もここでよく行われた。（写真はウエサク祭指導中のものである。）また、鞍馬寺では、以後、五月の満月の宵のウエサク祭が重要な年中行事となり、現在に至っている。

昭和二二（一九四七）年、三浦は日本心霊科学協会の機関誌『心霊研究』に「ウエサク祭」を寄稿、昭和二三年には、『大法輪』にウエサク祭とそのメッセージを寄稿する。

（ヨガ、オーム）

ここでヨガとは何かということを説明すると、関造は、ヨガとは本当の自分を発見すること、発見して幸せになることだと言っている。ヨガでは、オームというマントラムを唱えるが、オームとは宇宙の出来た時の音楽で、そのマントラムを唱えれば、天地を驚愕させる響きとなると説き、かつ、宇宙大生命と一体になるための呼吸法を教える。

（『幸福への招待』、ババジ、ヨガナンダ、ユクテスクァ、マハサヤの写真）

昭和二七（一九五二）年に、『クリヤ・ヨガ』、二八年に『幸福への招待』を出版する。関造七〇歳である。『幸福への招待』は、人々に霊性をめざめ自覚させるための本であった。内容は、ヨガナンダというヨガ行者の一生で、その師匠のスリ・ユクテスクァ、マハサヤ、ババジを紹介する実話であり、ヨガのものすごさを世間に知らしめた。これを読んだ人々の反響があまりにも大きく、このことが竜王会という団体をつくらざるを得ない結果となった。

昭和二九（一九五四）年には詩集『心の大空』を出版し、今まで歩んできた思い出と心の歌をつづっている。

一三　竜王会時代（一）

（『至上我の光』第一号の写真）

三女のイツコは、青山学院からアメリカ留学のテストに受かり、アメリカに留学する。一家は、関造、ハル、七朗の三人で、昭和二九（一九五四）年に五反田のアパートに住む。住所は西品川四丁目九―四八で、ここを竜王会統覚本部とし、昭和二九年三月一日付で、関造七一歳の時に機関誌『至上我の光』を出版する。一部三〇円であった。（その後も竜王会本部は転々と移転を繰り返す。）

（竜王会マーク、釈迦写真）

「竜王」というのは関造の好きな言葉で、仏典中に釈尊が開眼されたとき、竜王は真っ先に天から降りてきて釈迦の足を洗い、祝福し、すぐに天に舞い戻った。つまり竜王とは救世主を迎える使者のことであり、救世主を導くのが竜王の役目であった。その自覚を持って、この会を「竜王会」と命名したのである。「一念深淵の底に投ずれば、白龍昇天の秘密を悟る」とある。

（『神の化身』『大直観力』『真理の太陽』、クートフーミー、モリヤ大師、マハリシ、ラーマクリシュナの写真）

昭和二九（一九五四）年二月に霊性高揚の書『神の化身』を出版し、シャンバラの存在やクートフーミー大師、モリヤ大師などの存在を人々に知らしめた。

昭和三〇（一九五五）年に竜王会の経典『沈黙の声』、『至高者の歌』や金光教教祖に関する『聖者新たに生まる』を出版する。竜王会の住所は、大田区調布嶺町に移る。

（四国・関西集会）

日本全国各地に綜合ヨガを広めるために行法指導、治療活動を行う。

（アリス・ベイリーの写真）

竜王会初期の関係団体は、アリス・ベイリー女史が組織したニューヨークの「アーケイン・スクール」であった。アリス・ベイリーは、テレパシーによるジュアル・クール大師の教えをその著書に書いている。

（『永遠の生命』『人間の秘密』）

昭和三〇年五月に豊島区巣鴨二―一二九〇の渡辺啓人方二階に移る。昭和三〇年七月に『永遠の生命』、八月に神と人とのつながりを書いた『人間の秘密』を出版、竜王会はここで全盛期を迎える。

（『聖シャンバラ』『星化学分析』、レーリヒの写真）

昭和三一（一九五六）年七月に、地球内部の超人世界を明らかにした『聖シャンバラ』と、人間の生まれ月による適性食物を書いた『星化学分析』を出版する。『聖シャンバラ』では、ニコライ・レーリヒのヒマラヤ・ゴビ砂漠探検の話も載っている。

（妙義山集会）（大徳寺集会）

昭和三一年八月四及び五日には、（群馬県）妙義山・中ノ嶽神社にて、内垣日親、中川宗淵、歌人の宮崎白蓮、下中弥三郎氏等が参加して、妙義山集会が行われる。二五、二六、二七日には、引き続いて京都大徳寺にて集会が開かれた。関造七三歳であった。

竜王会は、渡辺啓人氏宅にあったが、啓人夫人の反対により追い出されることになった。しかし、関造が肺病で寝込んでいた品川の税務署長を治してあげたため、その税務署長の好意で、署長宅に引っ越すこととなる。昭和三一年一一月に南品川一丁目二三七に引っ越す。

（『霊性の太陽』の写真）

昭和三一年一二月に『霊性の太陽』を出版する。

（竜王学園の看板の写真）

ここで初めて「綜合ヨガ　竜王学園」と称し、将来、綜合ヨガを教える学校にすることを決定する。昭和三二（一九五七）年二月には、三島の竜沢寺で、三月三一日には、台東区三崎町の天竜院で関東大会を開く。

（M・ドウリル博士の写真と大塚大会の写真）

昭和三二（一九五七）年三月一七日に、南品川から西巣鴨一―三二七七に移転。五月一日には、巣鴨六―一五三五の大塚の家に移る。

大塚の家では、関造の書斎が竜王学園の事務室となり、長女・田中恵美子が事務を執りはじめる。昭和三二年七月には、ドウリル博士の治療法と磁力治療を盛り込んだ『疾病一掃の大福音』を出版。アメリカ・ロッキー山のM・ドウリル博士との交流も密になる。ドウリル氏は、ジュアル・クール大師の弟子で、第三秘伝を受けているといわれ、三浦関造に対して、いわゆる兄弟子という関係にあった。

（四国集会、大阪集会、東京集会などでの行法指導）

全国各地で集会が開かれ、四国の丸亀、新浜、や大阪・・・などで開かれた。また、（大田区）久が原町の下中弥三郎宅でもヨガ道場を開いて、集会を行った。（これは行法指導中の写真である。）

一四　竜王会時代（二）

（治療中の写真）

関造は磁力治療や遠隔治療などに優れ、その治癒力は奇跡的であった。会員が病気で苦しんでいる時には、東京にいながら遠隔治療をすることが出来た。また、自分のアストラル体を物質化するところまで進んでいた。

（三浦師写真、集会指導）

「種蒔き」の講話テープを流す。（付属資料参照）

（三浦関造の弟子達）

各地に三浦関造の弟子が出来た。すでに故人となった方が多いが、現在なお、会員の中で活躍中の弟子方が幾人もおられる（一九八三年当時）。大阪の西尾靖子、・・・井上康江、・・・弘前の北山公章、札幌の米内清などは、有力な弟子であった。

（『輝く神智』『天性心理学』、雪谷大塚の関造写真）

昭和三三（一九五八）年に竜王学園は雪谷大塚に越し、二月には、魂のエネルギーによる治療法（マニレイ治療）を教える『輝く神智』を出版する。一二月には、生まれ月による人間の性格を教える『天性心理学』を出版した。このとき関造は七五歳の高齢であったが、精力的に地方まで指導に出かけた。

（マニ光の絵）

これは大阪の井上康江氏に当てた手紙の中に描かれたマニ光、つまり松果体の中で発光する光の絵である。松果体は、目の網膜細胞と同じ組織細胞を持っており、それが見えるのである。

マニレイ・ヨガとは、神秘と現実を結びつけるヨガで、神と人とが一緒になることであると関造は言う。

（大救世主マイトレーヤ）

大救世主とは、マイトレーヤ、つまり弥勒菩薩のことを言い、未来の救世主であるが、また、本当の自分自身ということと同じ意味でとらえることができる。三浦、ドウリル、大救世主という三密を堅持することを会員に教える。

（『マニ光明ヨガ』『帰依の統一』、レーリヒの写真）

昭和三三（一九五八）年六月一日には、竜王学園（竜王文庫）は世田谷区東玉川町七五番地に移転する。意志のヨガ、レーリヒのアグニ・ヨガ、マニ光明ヨガを教える。昭和三四（一九五九）年二月には『マニ光明ヨガ』を出版、九月には、『帰依の統一』を出版する。これは関造の最終的境地を示すものとなった。

昭和三四年一一月の大阪・千鶴旅館での講習会があり、翌年三五（一九六〇）年二月まで日本各地を廻る。昭和三五年二月初め、突然盲腸を患い、四〇日間苦しむ。妻のハルは必至で看病した。この病に臥した間に、関造とハルは、結婚して以来四〇年間の語り合えなかったことを四〇日の間にあれもこれもとお互いに話し合うことが出来た。

（青山学院での葬儀）

昭和三五（一九六〇）年三月一六日に、関造は脳溢血で倒れ、右半身不随となる。そして二週間の意識不明状態が続き、三月三〇日、最後は、枕を囲む妻と子供たちに、にっこりとほほえみかけて召された。昭和三五年三月三〇日は、関造七六歳八か月であった。

葬儀はゆかりの青山学院の教会でとり行われた。

（旧友で第二一代東洋大学学長の）大嶋豊は弔辞で次のように述べている。

「君の生まれた生涯は、実に純粋そのもの、しかも良心を汚さず、清貧に甘んじ、若き日より文才に秀で、文章と講演を通じて真理を追究し、晩年においては肉体を借り受けた神となりたる人である。君が生涯を貫いて説いてきた真理、宇宙と魂の交感は、全国津々浦々にいる君の弟子たちと、心魂を傾けた数多くの労作の中から輝き出でて、実に飛躍して行くであろうことを疑わない」。

（また同じく旧友の、平凡社創業者）下中弥三郎は、次のような弔辞を述べた。

「・・・三浦関造は、永遠の世界に生まれ変わった。私たちは、いつでも、どこでも彼にあうことができる」。

賛美歌一四六番。ハレルヤ、たたかいおわりて。


（マリア像の写真）

これは三浦関造師が大切にしていたマリア像で、天球に乗りヘビを踏みつけているマリアの姿である。また、現在、弘前の北山公章氏の寺にある大日如来本尊も、関造師が大切にしていた仏像であった。

（「寂滅性中髄飲啄」の掛け軸）

この掛け軸も、関造師書である。


このようにして、三浦関造師は、永遠の世界に生まれ変わった。私たちは、いつでも、どこでも会うことができる。このことを関造師は教えた・・・という下中弥三郎氏の弔辞が真実であることを確認し合いたい。

（終了）

第二章　文筆家としての三浦関造

ここでは、三浦関造の長女であり、竜王会第二代会長であった田中恵美子の「文筆家としての三浦関造」（『至上我の光』第三五〇号・三五一号合併号、三浦関造誕生百年記念大会特集）から、三浦関造がすぐれた文筆家であった一面を示したい。（一部、最小限度の誤字の訂正などを行った。）

・・・三浦先生は明治四四（一九一一）年に『喜《よろこび》』という小説を訳して世に出版されて以来、逝去されるまでの約四九年の間に八〇冊以上の本を出しておられます。それらは今回の大会の為に集収され、展示され、参会者一同は先生の御労作のすばらしさに等しく驚嘆と崇敬の念を禁じ得ませんでした。これらの著書を目のあたりに見ただけで、先生御在世当時からの会友でさえ、三浦先生の偉大さを再確認されたようです。こうした本を辿りますと、三浦先生が生涯目ざしておられたもの、先生の苦悩、生き方、そして霊性の飛躍がよく理解できるように思います。しかし、今、この僅《わず》かな紙面で手元にある八〇冊以上の本を全部御紹介することは不可能ですので、せめて各々の自序だけでもと思いました。本の自序というものは、その本を訳したり、書いたりした人のその時の想い出が凝縮しているように思いますが、八〇冊の本の自序すべてを此処に揚げることも不可能です。それでほんの数冊、而もそのごく一部を御紹介しながら、先生への理解を深めて行きたいと思います。

『エミール』（ルソー著）大正二（一九一三）年

「・・・今の教育は個性に眼をあけてくれない。個性の方が眼をあけようとすると、「おい、何故《なぜ》そんな事をするのだ。不良少年！」と言ってその芽をぶっつぶしてしまう。・・・フランスのある犯罪者は「罪悪は個性を曲げることより起こる」と言っていた。・・ルソーは『エミール』で独立独歩の出来る人間、自由の人間、剛健な人間、自分の為すべきを知り、その為す所は悉《ことごと》く人と世とを益する人に表された教師は生徒の為に生きている。・・・」

『エミール』は三浦先生が青山学院（学生）時代に訳され、卒業後に出版されたもので、先生御自身が、洛陽の紙価を高らしめた本だと言っておられます。

三浦先生は小学校教員を数年しておられましたが、子供の個性を見つけ伸ばすことに全力を注がれ、喜びを見出しておられました。「個人の天賦、特性というものは、宇宙意志が我々個人に訴え込み、念じこんだ祈願の秘密である。・・・また神は我々にかくの如く愛念の焦点を造っておいでる！「驚嘆すべきかな汝自身！　汝は宇宙意識に生きる選民である」と『真理の太陽』に書いておられますが、若いころからヨガ、神智学の神髄である「自分自身を知る」ことを最も大切なこととされていたことが、この本を訳されたことでうかがえます。この本は是非、今の教師達にも母親達にも読んでもらいたいと思います。

『カラマーゾフの兄弟』（ドストエフスキー著）大正三（一九一四）年

「・・・ドストエフスキーがカラマーゾフを書いた勢いは実に壮美なもので、彼は自分の持てるものはすべてこれを吹きだしたと言ってよい。そこには恐ろしい苦痛がある。深刻な狂乱がある。崇美がある。言語に絶した婦人美がある。徹底した道徳がある。苦しんで苦しみぬいて躍進した新世界、新生活がある。複雑なる事実、複雑なる人物を一糸乱れず書き貫いて、暴風を起し、地震を起し、再生復活を描いた作者の技量と偉大な頭脳、深刻なうそぶきは、唯々、驚き且つ敬嘆する外ない。・・・」

三浦先生は苦痛、苦悩に耐え、その中から生命を躍動させ、愛と真と美をつかみとる人生を生き抜かれました。ドストエフスキーに共鳴する所が多々あったに違いありません。

『人生』（トルストイ）大正四（一九一五）年

「・・・現代は不合理、不徹底な思想で充満している事を見て驚かずにはおられまい。私は此処に現代の思想を一々批評するのではないが、不合理、不徹底なる好見本として教会キリスト教をあげずに居られない。「自分の子を殺した不徳の父なる神」、「アダムの罪故に人類に罪を吹きかけた不仁の神」、「かんしゃくを起して一時に一万四千七百人を皆殺しにした残虐なる神」、「自分の罪を神様にひっかけて平気で怠慣な贖罪の教義」等を信ずるキリスト教徒は真に人間性に悟徹して、自我意識と良心とを伝わって叫びくる神の意志に従うことはできない。ここに於いてか、かかる教理を信ずる神学校の教授には無責任者が多く、牧師には不徹底な怠惰者が充満している。彼らはパウロ等が誤り伝えたものを信ずるか、自我意識に神の啓示があることを知らない。彼らは一種の偶像教徒である。吾らはかかるキリスト教徒たるよりは、観音菩薩の前に手を合わせた方が、よ程芸術的に価値があり真がある。我が国に今後うつぼつたる思想が起こるならば、先ずかかる危険思想、偽善思想を尽滅しなければならぬ。表に美徳を装って、内に腐敗した信念を抱き、しかも自ら気付かざるに到ってはその無責任に驚かざるを得ぬ。予は言論の自由を持っている。予もかつては斯かる偽善の教会信徒であったが、真理は真理である。叫ばねばならぬことを叫ばねば、石叫ぶべしとキリストも言った。予はかかる教会が滅ぼされずば、真のキリスト教は育たないと確信している。・・・」

三浦先生のこの言葉はH・P・ブラヴァツキーのキリスト教会に対する悲憤とよく似ています。三浦先生は真理に対しては巌《いわお》のような信念をもたれ、決して妥協なさいませんでした。先生は青山学院の神学部卒業後、弘前のキリスト教会に副牧師として赴任されましたが、異端的であるとして教会を追われておられます。

『生と自然』（ソロー、ホイットマン、バローズ、パズリット）大正四（一九一五）年

「・・・沈黙の中から磁気が鉄片を引くように、重たい私の心を軽く引き寄せるものがあった。私は明らかにその力を感じた。そして遠くから自分を呼んでいる者のあるような気もし、会いたいと思う人が何処かにいるような気がした。・・・私の定収入は途絶えている。無論少しの蓄えもない。何か書かねばならぬ。こう思うと心は騒いで何も書けない。・・・幾日かをカントの哲学、ロンブロゾーの犯罪学、ボイントロマ版の星学とを読み暮らした。それがみな私には非常に面白かった。カントの思想の強く響いた事、科学者なるロンブロゾーの犯罪論に興味と人間性の深かった事、私には喜ばしい読書であった。・・・」

モリヤ大師の画像

幼いころから先生は「誰か知らない良い人の呼び声」を聞いていらっしゃいました。三十三歳になり二児の父親（大正二年に結婚）となっておられた先生はやはり、その声を聴いておられます。それはM大師（注：モリヤ大師）のお声だったと私は確信しています。先生は幼児期の頃から大師の召命をうけ、それに応えられたのです。竜王会の各書は勿論、先生の旧著の中にも、今、私たちがアグニ・ヨガとして教えられているM大師の教えとそっくりな言葉に度々出会うのは、先生が常にM大師とつながっておられた証拠ではないかと思います。

『天性心理学』という本がありますが、この本は占星術ブームにのって書かれた本ではありません。『生と自然』を訳された頃すでに「自我発見」につながるものとして星学を勉強していらっしゃいました。（詩集『心の大空』中の詩「モリヤ大師」を参照）

『生に徹する芸術』（カーペンター著）大正五（一九一六）年
「・・・私は決して奇を好み機を望んで翻訳するような腰の軽い男ではないことは駄評して貰わなくても自らよく知っている。私は私にとって一番必然的な途を踏んでいる。だから私の今後の仕事はすべて必然の中から出たものである。・・・」
創作は言うまでもありませんが、翻訳も先生の必然の中から生まれたということは、先生の真摯《しんし》な生き方を彷彿《ほうふつ》とさせます。

『埋もれし世界』（創作）大正五（一九一六）年
「・・・我が心は人間の最も強い言葉を語ろうとしている。我が心は人間の感じうる最も美《うる》わしいものを感じようとしている。俺は俺自身としての生活をしていかねばならぬ。そこから最大の戦と最大の同情とが生まれて行くを心に思う。求めてやまぬわが心は自己に対して、驚嘆と畏敬の念を生ずる。我が生活の高調しきった常識は此処に感じられる。我は我が心のリズムに驚き、目覚めて我が生命を喜びつつ、我が道を行く。・・・汝は今、「我が道なり、平安なり」と思わずば、常に迷いて、自己をリアライズすること能《あた》わず。・・・」
先生は「自己に対して驚嘆と畏敬の念を生ずる・・・」と言われています。先生は遂に「自己自身」を知られました。これこそ先生が綜合ヨガを通して私達に教えようとされた一事です。

『革命の巷《ちまた》より』（クロポトキンの自叙伝）大正七（一九一八）年
「・・・クロポトキンは革命家ではあるが、彼ほど平和を愛した清教徒はない。・・・彼は革命の為に何びとをも犠牲にせず、自己だけを犠牲にした。・・・クロポトキンは偉大な予言者であり、実行者であって、単にその経済思想が芸術的根拠に立っているばかりでなく、科学をも実業をも、否《いな》、人生そのものをも渾然、詩と音楽の中に融合せしめた。・・・科学をも機械をも詩として見、詩的、音楽的進行を基礎として、倫理的歓喜の文明を主張している。・・・」

魂の高揚、霊の飛躍は美への憧れ、創造発見を通して行われるということは先生の心中にいつもあったと思います。いろいろな著書の中にこのことがうかがわれます。

『新生の曙』（ストリンドベルヒ著）大正八（一九一九）年

「・・・人間生活の驚喜、そのインスピレーション、創造発見の衝動！　それを人間から奪いとったら社会改造に何の意義があるか？　・・・社会の開放はパンの解放に原則を置かず、人間の驚喜勇躍の心、創造発見の衝動を解放することでなくてはならぬ。霊によって生まれぬ者は、此の第一原則に本然の意識をつかみとることはできない。・・・」

『祈れる魂』（詩集）大正一〇（一九二一）年

「・・・本書の著者（三浦関造）は止むを得ない事の為、過去十年間、宗教、教育に関する翻訳を仕事としてきた。然し、彼は最初訳筆を執るに至った時から、自分の天分が他にあらねばならぬと信じていた。けれども、人は本性に生きるよりも、境遇に生かされる傾向の方が強い。特にいろいろな事情が一身にまとわって来ると、生活に便宜な道を歩く安易さに馴れて、素手一本で本気な開拓をする苦痛には移り難いものである。・・・著者は十年絶えず、本願の道を開いていないのではという痛ましい声に心を感じていた。しかし、本気になるにはどうしても、生活のたつきを思い切って捨てなくてはならぬ。遂《つい》に十年は経過して、係累はますます増し、生活のたつきは捨てがたくなった。・・・彼は遂に係累を負うべき唯一の生活手段（翻訳等）を放棄して、新生活の自由な天地に踏み出した。・・・貧窮も彼から此の自由を奪いとることはできない。本書は彼が新生活へ踏み出す角笛の響きであり、祈願である。収められた詩の大半は著者が過去八年間、苦闘の中から得来った収穫である。・・・」

この詩集は先生の生涯にとってエポックメイキングな最も大切な本であると思います。これまで先生は殆《ほとん》ど翻訳をされていました。先生自らおっしゃっている通り、たとえ内からの必然性から選ばれた翻訳であろうと、やはりそれは先生の本意ではなかったのです。先生は自分のうちからにじみ出さねばならない本願の道があったのです。「止むを得ない事の為・・・係累《つのぶえ》はますます増し・・・」等という言葉に、先生の苦悩が感じられ、それでこの書を「新生活の角笛《つのぶえ》の響きであり、祈願」とされた先生の心の内を思うとたまらない気がします。事実これ以後先生は訳筆を捨て、精神的、霊的創作に専念されます。

『親鸞』一部・二部（創作）大正一一（一九二二）年

「・・・この仕事は自分にとっては全く生を賭《と》しての人生苦の上に仏心を願作せんとする努力であった。・・・親鸞は霊と肉、主観と客観、動機と結果、合理と経験・・・進んでは生と死の矛盾対立を燃ゆるが如き究境の立場、悲願のどん底に於いて必然融合せしめ、永遠に人類の前に歩んでいる人間性の開拓者である。・・・自分は自分の哲学を宣伝するために『親鸞』を創作したのではない。押えられぬ全人類の動機から、親鸞を主材として、一切人生苦に呼びさまされ、究極の願生に吐き出される人間の美と力、罪の自覚、コンヴァージョン（回心）、救いの経験、現代宗教への心理的覚醒を描こうとしたのである。・・・」

先頃のアンケートによると『親鸞』を全く読んでいない方がおられるのにびっくりしました。先生が『祈れる魂』を出された後の第一作、しかも「全く生を賭しての人生苦の上に仏心を願作せん」と努力されたこの魂の書を是非読んでいただきたいと思います。もう絶版になって何十年も経過した本書を『至上我の光』に連載しておりますのは、この中に人生苦を超脱し、真の救いの体験に入る人間の美と力が躍如としているからです。これこそ、真のヨガの書であると思います。

（編集者注：『親鸞』は竜王文庫で平成一八年に復刻再刊された。）

『愛は貧に輝く』（ペスタロッチ）（創作）大正一五（一九二六）年

「・・・ペスタロッチ先生は乞食や貧民の児の小学校教師として一生を終わりました。・・・ペスタロッチ先生はフランス革新文学期から革命期を通し、ナポレオン一世の偉業を背景とし、ドイツ文化の発生期、英文学の大発生期に生をうけられました。その史的大動揺の奥底を秘かに縫って行った真生命が、フランス革命でも、ナポレオン一世でも、カントの哲学やゲーテの文学ではなく、貧乏な一小学校教師ペスタロッチ先生であったことを思うと、現代の小学校教師は奮然として新しい時代に適応する一大勢力の体現者の道を発見すべきです。・・・」

『聖者しずかに語る』（創作）昭和三（一九二八）年

「・・・経済の逼迫《ひっぱく》、生活の苦悶は人間から至大なものを奪い去ることはできない。泣かなければ分からないもの、涙のしぶきにうたれなければ現れないものが、人間には伏在している。・・・」

「艱難汝を珠にす」といわれます。人間の霊性は温室のようななかでは芽生えません。苦難悲悩は決して罰ではありません。それどころか、内なる神性を閃き出させる至上の薬です。

『黎明の聖女』（創作）昭和四（一九二九）年

「・・・神と人とを結ぶ媒介者として、深き体験の美わしい一女性を描いた。どん底生活に人間の大道を実証したこの一女性は思想、精神、経済のたそがれに悩む現代人に、天来の指導力を持っている。・・・」

一連の聖者、聖女についての創作を三浦先生は書いていらっしゃいますが、すべて美しく詩を織りなされています。先生の著書は哲学、文学、絵画、音楽、詩、歴史等、あらゆる部門に亘っておりますが、いずれも魂の高揚、自我発見への衝動を湧き上がらせます。

僅《わず》か十五冊の序文の一部を御紹介しましたが竜王会の綜合ヨガとして花開くまでの三浦先生の霊的熱望と苦痛に耐えての生涯を幾分か御理解いただけたかと思います。

最後に新しい時代に適応して行くには、私たちは三浦先生の教えをどのように受け入れたらよいのでしょうか？　私なりに考えてその答えを持っておりました。

＊

しかし、大会の直前の或る朝早く、一人の夫人から電話がありました。三浦先生の素晴らしいテープが手に入りましたから、お送りしましょうという電話でした。それは「種子蒔《たねま》き」の話で、私共に残されている唯一の先生のテープでした。それならありますからと言い、丁寧に御礼を申し上げ電話を切りました。その婦人は名前をおっしゃいませんでした。その時、私は先生がこれこそ新時代に適応するのに必要な事柄だと私をさとされたような気がいたしました。その「種子蒔き」の中で先生が教えてくださいましたヨガへのアプローチの為の五つの道について申し上げましょう。

「第一は呼吸ですよ。」呼吸を練り上げ、宇宙の息と一つになること。

「第二はマントラムですよ。」先生はマニ光明マントラム教えてくださいました。このマントラムを唱えることを通して宇宙のリズムと波長を合わせること。

「第三は瞑想ですよ。」瞑想は沈黙の祈りでもあります。私達の思いを宇宙意識まで高めること。

「第四は大救世主に献身奉仕することですよ。」低級な人格我の為にあくせくし、現世的官能的な喜びに身をまかせるのではなくハイラーキーに、そしてそのメンバーであられる大師方に奉仕の誠を捧げ公益に身を捧げること。

「第五は熱誠ですよ。」いつも真剣に、心に火をともし、以上四つの道を邁進すること。

第三章　綜合ヨガ実践者としての三浦関造

ここでは、最初に三浦関造の子息たちの、三浦関造に関連する体験記を、三浦関造生誕百年記念大会における記録から取り上げ、次に、三浦と親交のあった識者、あるいはその影響を受けた著名人たちを取り上げ、三浦の人柄の一端と、ヨガ修業者としての働きの一端を示し、最後に、三浦の愛弟子《まなでし》の一人、稲田年男氏への編者のインタビュー記事（『至上我の光』六九六号〜七〇二号）」を再録し、綜合ヨガ実践者としての面に光を当てる。

（一）　三浦関造子息の思い出

a　田中恵美子（長女一九一四〜一九九五年）

田中恵美子は、三浦関造とハル（春子）の長女として大正三（一九一四）年、東京に生まれ、玉川学園を経て青山学院及び東京女子師範学校を卒業、学校教員として働き、同じく教員であった田中保富《よしとみ》と結婚、二児をもうける。父の関造が昭和三五（一九六〇）年に亡くなると、関造が昭和二八（一九五三）年に始め、約七年間続けてきた綜合ヨガの団体「竜王会」を、第二代会長として継承し、亡くなるまで約三五年間維持・発展させた。享年八一。

以下に、機関誌『至上我の光』田中恵美子追悼号（四九五号・平成七年八月発行）から、竜王会会員の田中への想い出部分を抜き出す（敬称略）。この項のみ、三浦関造への想い出が間接的に三浦について語られているが、田中恵美子への想い出であることを、前もってご了解願いたい。

最初に、田中恵美子の子息・田中盛二氏の追憶から始まる。

昭和５８年１０月ころ、家の光会館にて

「・・・祖父三浦関造が主宰する竜王会に母が携わるようになったのは、昭和三三年頃のことでした。その祖父との関係も長くはなく、二年後に祖父は他界します。当時、竜王会が存続できたのは、母の祖父に対する思いと、当時の会員の方々の支えだったのではないかと思っています。祖父のカリマス性があって、運営されていた会を維持していくのには、相当な信念と決意が必要だったのではないでしょうか。

さらに二年後に、私の父（田中保富）と兄（耕輔）の死という不幸が続きます。その時の母は、不条理な死を受け入れていく中で、精神のよりどころを、真理を、本質を、三浦関造の教えの中に再認識していったのではないかと思います。前に増して仕事に打ち込んでいく母が大きく見えたのはそのころのことです。現在の田無に本部を移したのは、丁度このような頃でした。・・・晩年の母は、竜王会の教えの中に生きがいを見出し、それを人々に伝え、導くことに命を懸けていたのだと思います」。

（田中恵美子の次男・田中盛二）

「・・・三浦関造（竜王）先生が昇天された後、貴女は一途に竜王会の存続に貢献され、その間に「神智学」「アグニ・ヨガ」に関わる誠に貴重な紹介をされ、数多くの著作を残されました。貴女の意志は今後末永く竜王会の学徒によって引き継がれ、深奥への探究がなされることでしょう。・・・

あなたの往年の人生には、私の脳裡《のうり》から離れ得ない出来事がございました。それは貴女の最愛の夫、田中保冨兄が人生半ばにして昇天し、そして間もなく、かけがえのない長男の耕甫君が大学生の時、ある年の暮れに、いくばくかの金銭を得るため、東京の私鉄のアルバイトを行い、自転車にて大きな荷物を運ぶ途中、踏切にて電車にひかれ突然帰らぬ人となりました。・・・貴女と私の目にはお互いに一滴の涙も感じられない程、私達は只々呆然とするばかりでした。

貴女は、この時より人間の肉体と霊魂、見える世界と見えざる世界について学ぶよう、三浦関造先生のお導きを得られ、一途《いちず》に竜王会の聖職に心身を捧げられるようになられたことと思います。

深い人生の悲しみの中からこそ、本当の喜びが芽生えることを貴女は私に教えてくださいました。

次に貴女は、私が五〇を過ぎて事業で頓挫した折に、力強く（スマイルズの）「天は自ら助くる者を助く」と一言を告げて下さいました。この言葉こそは綜合ヨガのイニシエーション（秘伝）であることを私は身を以て体験致しました。私は数年のうちに莫大な借金を返済し、新たに社会の為になる仕事を持ち、再び人生の有難さを日々噛みしめています。

又、彼女はロシアのニコラス・エレナ・レーリッヒ夫妻の偉業を日本に紹介して下さいました。私は特に、『モリヤの庭の木葉』の「召命」、「啓明」に心を惹かれております。又、ニコラス・レーリッヒの画集は私達一家の至宝の一つです。「吾々は美の中で結ばれ、美を通して祈り、美をもて征する」と記したニコラス・レーリッヒの遺業を讃えています。・・・」（末弟・大島七朗（一慶））

「四月一一日に肺炎で逝去された私達の親愛な田中会長は、四月九日に八一歳のお誕生日を迎えられたばかりでした。・・・今日のここは、丁度田中先生のご生涯のようだと思いました。華やかで初々しい春、アーリアス（注：白羊宮、三月二一日～四月二〇日生まれの人の支配星座）に生まれ、アーリアスに没した先生は、アーリアス生まれの特長を見事に生き貫かれたと誰もが認めるでしょう。首に鈴をつけたリーダーの羊である。また発育最も旺盛で、周囲の人々をその魅力で引きつける赤子のような運勢を持つ。また意志強く実行力優れ、一つの事に情熱を燃やし、範となって人々を導き、大きな仕事を成し遂げることが出来ると、見聞しています。

先生がお仕事とされた竜王会の綜合ヨガも、神智学も、世俗離れた浄土に近い高い思想ですが、丘陵のここだって結構高いのだと思って視界を移すと、万物を育てる春の陽光は広い天空に満ち、渡る風が何とも言えぬ爽《さわ》やかです。・・・」（津田安子）

「私が田中先生の御尊父三浦関造先生の著書に初めて出会ったのは『幸福への招待』の初版発行二か月後の昭和二八年四月初旬でした。そして早速その名状し難い感動を先生に直接お会いし述べたいとの思いに駆られ、無礼を承知で、先生のお住いの門を叩きました。幸いにも奥様のお取次で、先生との初対面が叶い、その折の先生の眼光の鋭さとは異なる慈愛に満ちた眼差しを忘れることは出来ません。

さて、当時の私は文字通りの画学生でした。そして幸いなことに憧憬の風土ヨーロッパでの約二年弱の滞在を翌年の正月以降から保証されていました。哲学の世界では実存主義の全盛期でしたから、先生は私の渡欧について無条件ではなく、私も脱ニヒリズムを念願していましたので、滞欧中の座右の書としてパリの古書店で求めた『聖ラーマクリシュナの教え』（哲学者ジャン・エルベール監修）を、帰国後も三浦先生の著書中のラーマクリシュナとともに愛読讃仰し、昭和三六年一月号から『至上我の光』誌上に翻訳紹介することを田中先生に勧められ、今日に至りました。（注：同書は、深沢氏没後に、竜王文庫から、監修・編纂ジャン・エルベール（翻訳・深澤孝）『ラーマクリシュナの教え』（平成二三年初版）として発行されている。）

私は画業では得られない世界観・人生観の真髄を三浦先生の数多くの著書と先生ご自身から得られましたことを、そして田中先生が三浦先生の御遺業と御遺訓を余すことなく引き継がれ、更に生成発展なされたことを万感を籠めて感謝いたします。不一合掌」。（深沢孝・油絵画家・都立大学建築学科講師）

「田中恵美子会長に巡り合ったのは、ニューヨークのアグニ・ヨガ協会の紹介のおかげであった。会長は三浦先生の御依頼に従って、昭和四六年頃からアグニ・ヨガの邦訳に取りかかったが、訳しにくい所についてロサンゼルスのバーナード・レンツ氏と手紙で相談することになっていた。バーナードは昭和二三年『寺院の教え』（副題：ヒラリオン大師の教え）を編集したが、アグニ・ヨガ協会の会員であったし、神智学についても生き字引であった。昭和四九年の春に私はバーナードと友達になった。私がその年の秋に東京に留学することになっていたので、バーナードは（田中）会長の連絡先を教えてくれた。

バーナードは仏教の造詣が深くて徹底した親日家であったので、私が日本に行くことに大喜びしてくれた。もう一人のアグニ・ヨガの先輩、絵描きのマリア・フィリップス姉も、前生は日本人という程であった（彼女は絵に「桃子」とサインしていた）。マリアは直知識（直観？）が強くて、「ジェフはエミコ・タナカと縁が深いですよ。ずっと一緒に働きます」と書いてくれた。二一歳の僕はそれを読んで「そうか？」と思っただけだった。しかし一一月に恵比寿区民会館の神智学ニッポン・ロッジ月例集会で会長にはじめて会った時、二人共、まるで再会しているような気がした。間もなく友人で協力者になった。毎週、集会か何かの用で会ったし、毎日くらい電話で話した。会長から電話が鳴った時、いつも受話器を取る前に会長だとわかっていた。

不思議な偶然の一致もあった。例えば、ある時私はお小づかいがほしいと思って、夜にＢＣＣの新宿校で英会話を教えるアルバイトをするようになった。同じ時に、私には何も言わなかったが、会長は同じ学校で勉強し始めた。そして偶々私の生徒になった！　授業中会長は静かであまり目立ちたがらなかったが、クラスのメンバー皆と話して、特に若い女性達に敬愛されていた。また会長は、同じ西武新宿線の沼袋駅の近くに住んだ蒔野さんという中年の男性の話を楽しんでいた。蒔野さんは英語がとても下手ではあったが、性格が陽気で、文法などを気にせずいろんな話題を持ち出した。会長はもう六〇歳を超えてロマンスに興味はなかったが、趣味といえば、そうしたにぎやかで天真爛漫な男が好きだった。

少しシャイで小柄な日本人のおばさんと、髪の長いほっそりとしたヒッピー（当時の小生）とは本当に「オッド・カップル」だった。一緒にどこか行くと、周りの人達は「あの二人は何をしているか」（？）という顔をした。『シークレット・ドクトリン』の翻訳をするために伊豆の温泉に泊まった時、あるお姉さんは「親子ですか」と真剣に尋ねた。苺《いちご》と西瓜《すいか》の大好物をいつも食べさせてくれたし、僕にとって第二のお母さんのようであった。・・・」（竜王文庫第二代目社長・ジェフ・クラーク）

（以下に、次のようなことが綴られている。田中会長は、人を観るとき、外見や肩書や甘い言葉にまどわされず、人格判断が鋭かったこと、サイキックな能力はなかったが、直観力が優れていたこと、チャレンジ精神が強く、六五歳ころ、アグニ・ヨガの原文を読むためにロシア語の文字と基礎的な文法を覚えたこと、田中会長、ジェフ・クラーク氏及び三人の若い会員とともにアメリカ旅行したこと、その間、ジェフ氏の家族に好印象を与えたこと、田中会長は人見知りではあったが、大勢の前で講演するのが上手であったこと、二回、神智学協会インド・パシフィック連合大会で講演し、内容が具体的であり、聴衆に感銘を与えたこと、聖者のふりをしたりせず、人間臭い所を隠さなかったこと、寛大な心を持ち、竜王会のために四〇年間、希望を失わずひたすら運営に奉仕したこと、大師方と日本と三浦先生にささげた一生であったことが綴られている。）

なお、田中恵美子の夫**田中保冨**（一九〇二〜一九六二）についても略歴を記す（『至上我の光』第九八号・昭和三七年七月発行の、深沢孝「故田中保冨氏経歴」より）。

奈良県十津川村の農家の次男として生まれる。奈良師範学校第二部に在学中、三浦関造訳『エミール』に感化を受ける。奈良師範卒後、奈良県下の小学校教師として三年間勤める。玉川学園創立者・小原國芳の教育論に共感し、上京。成城学園に一年間勤める。以後、東京都（中野区、杉並区、渋谷区）の小学校教員として二三年間勤め、終戦の前年に辞職。中野時代に三浦（田中）恵美子と出逢い、昭和一三年六月に結婚。退職後、さまざまな事業に挑戦し、最後は不動産業にたずさわる。昭和三五年三月三〇日に三浦関造が他界すると、不動産業を辞め、竜王会発展のために邁進。昭和三七年、行脚講習の旅の帰途、岐阜の宿舎で急逝。享年五九。

b　**三浦暁一**（長男、一九一五〜一九七六年、三井銀行勤務）

三浦関造は、『至上我の光』第一七号（昭和三〇年八月発行）で、彼の息子四人が戦争に行き、皆無事に戻ってきたと述べ、少尉であった長男が、中国の戦場で戦って、大勢が戦死してわずか一四人になった中隊に属し、五台山に向けて夜襲をかけたとき、左右どちらに進むべきかの分かれ道で、「左へ！」という内心の声に従って突撃したところ、激しい戦闘ののち、敵が敗退して、彼の皇軍が山を占領したこと。その功績で中尉に昇進したいきさつが語られている。

c　**三浦宙一**（次男、一九一六～一九九五年）

（注：三浦宙一氏はＮＨＫの学校放送部長・音楽担当の経歴の持ち主）

「父の思い出」

「自然をこよなく愛した父！

ぼくが小さい時でした
森の木の葉がちりはてて
椋木《むくのき》の古木に実がうれて
小鳥がピーピーたべに来て
どんぐりの実がトンコロリ
落ちてわびしい冬でした
「心の大空」より

若いころの父はよく自分を散歩に誘ってくれた。早春の野辺に淡く咲く草花に、しばしたたずんではほほえみかけ、自然の恵みを受けて誇らしげに背のびする私に眼を向けて立ち止まり、晩秋の北風にサラサラ舞う枯葉を仰ぎ見て涙した。

自分がまだ小さい時、玉川学園の中等部へ入塾の日、宿舎で寝具をほどき終わり、父と近くの丘にのぼると、目の前にさんさんと夕日が輝いていた。父は自分の二、三歩あとにいたに違いない。どの位の時間がたったのだろうか、ふとふり向くと父の姿はもう見えなかった。

春の日は早く、薄暗くなりかけた丘に一人取り残されてじぶんはうまれてはじめて、寂しさを味わった。その時、草花にほほ笑んだ父の面影が落ちる夕日の彼方にかすかに浮かび出た。

　自然と共に生きた父！

父の幼少の頃は貧しかった。けれども、そばにはいつもやさしい老いた母がいたという。二人は夕べの膳に向い、ほほ笑み、語らいはつきなかったという。」

d　**三浦日朗**（三男、一九一八～一九九八年、東芝勤務）

　「父の思い出」

「昭和十四年三月、私は満州公主嶺のある部隊に入隊しました。同年六月、第二次ノモハン事件が勃発しましたが、幸いなことに動員を免れ、留守部隊勤務になりました。記憶によればその年のなかば頃とかと思いますが、突然、父が公主嶺駅から電話をかけてきました。早速外出の許可を得て、さめやらぬ興奮を抑えつつ、営門を後にするや、約十軒の道程を脱兎の勢いで、父の待つ駅頭に向かいました。よく会いに来てくれたものだとの思いで一杯でした。時間の経過も忘れて歓談しましたが、「初年兵は辛くはないのか」と言われたことが、強烈な印象となって残っています。

その後、私は東寧の部隊に転属されました。東寧といえばソ満国境で満鉄の東部終着駅です。翌十五年五月頃かと記憶しますが、再び父から電話を受け、国境で父子が再会する機会を得ました。こんな辺境まで面会に来てくれる家族はおそらく父が最初で最後だったでしょう。東寧の街で再会の喜びに浸り、夜を徹して父と語り会いました。翌日互いに別れを惜しみつつ、父は車窓の人となり、列車の見えなくなるまで再会の感激をかみしめながら、挙手《きよしゆ》の礼で見送る私でした。父が五十五歳の時のことです。

波乱に富んだ人生を歩み、赤貧にもめげず、真理を探索しつづけ、遂に自我の真理を発見した父にも、このようなやさしい父性愛の側面がありました。」

(注：四男英彦は大正一〇年＝一九二一年一月に誕生するも同年七月に逝去)

e　**三浦雷造**(四男、一九二二〜一九九七年、東洋紡勤務)

「父の思い出」

「少しまどろんだと思ったら、ふと目が覚めた。留置場の片隅に淡い光が差し込んでいる。顔が引き吊《つ》るように硬張《こわば》っている。手で頬っぺたを押えてみる、腫《は》れ上がっている。口を動かして見ると痛みが走る。大分、顔が変形しているなと思った。

其処は八畳位の板の間で天井と三方の壁は板が張ってあって一方が角格子になっていた。格子の中程に三尺角位の出入り口が蝶番《ちょうつがい》で開くように作られていて、映画などでよく見る江戸時代の揚り屋が想像された。

異様な臭気が鼻を突いた。黒の木綿地が油と汗でテカテカに光った満人服を着た人たちが十人程、あぐらをかいたり横坐りになったりしてゴロゴロしている。その人たちの臭いと部屋の隅に設けられた便所の臭気が交じり合って部屋の中には嫌な臭いが立ちこめていた。昨夜はしっかりと痛みつけられた。

留置所を出て廊下を左に行くと右手に取調室があり、突き当りが板の間の道場になっていた。そこで入れ替わり立ち代わり何人もの憲兵に殴られ、ど突かれ、投げつけられた。

たかが喧嘩に過ぎない。相手が私服の憲兵だと知っていれば、あんな馬鹿な真似はしなかったが、こちらが先に手を出したのは良くない。それは認めるから、これだけ痛めつけ一晩くさい飯を食わせたら釈放してくれてもよいのではないかと思ってみたりしたが少し考えが甘かったようだ。場所も悪かった。奉天の駅の構内では憲兵の眼も光っているし、詰所もあることだし、酒の上とはいえ思慮が足りなかった。今更後悔しても始まらない。

日暮れになると道場に連れ出されて蹴《け》られたり、殴《なぐ》られたり、竹刀で面、小手、胴と思うさま打たれた。十八歳で五尺そこそこの小男で、未だ童顔の残っている無抵抗な若者を良くまあ、これまでに打ちのめすことが出来ると思った。中には気が引けて手加減をしてくれるものもいたが、俺の部下は貴様は、とわめき乍《なが》ら思い切り殴りつける奴もいた。

三日目の晩は拷問《ごうもん》に掛けられた。正座させられて膝の上に船の角材を抱かされた。一つ二つ目まではそれ程でもなかったが、三つ重ねられるとひどい苦痛だった。足が萎《な》えてしまうのではないかと思った。その夜は憲兵分隊長が来て、憲兵に手向かいするやつは抹殺しても構わんのだと、憎々しげに言い放った。

拷問後は留置所の中に捨て置かれた。所在なさに蚤《のみ》をつぶしている満人達をぼんやり眺めて過ごした。朝と晩には、どんぶり飯が出た。白菜か大根の香りのものが飯の上に少しのっていた。顔が腫れているので口を少し動かすと痛くてほとんど食べられなかったのを、満人達が取り合って食べた。

四日目には、さすがに体力も弱って来た。日中は何も考えずに、ぼんやりしていたが、その中に左耳から耳垂れというのか、汁が流れはじめた。はじめはそれ程に感じなかったが、次第にしくしく痛み出した。その夜は間断ない痛みに苦しんだ。これで俺の運命は極まったか、とさえ思った。

五日目の昼間に呼び出しがあった。憲兵の言葉つきがいつもと違うように感じられた。反対側の廊下を連れられて行くと、隊長室があった。正面の机に分隊長が横を向いて掛けていた。

父が立っていた。いつもの、ゆっくりとした少し色のあせた背広服だった。その時の父の顔は、見かけたことのない、厳しい表情をしていた。私は父の前で頭を垂れた。涙が溢《あふ》れて来た。

どのような話がついたのか私には解らなかった。分隊長に「失礼します」と簡単に挨拶をした父に私は伴われて、奉天憲兵分隊所を出た。昭和十四年、初冬の頃で奉天の街は木枯らしが吹きつけて寒々としていた。

私と父は、その足で奉天市内にある耳鼻科の病院に行き痛みがひどいので、私はその夜急性中耳炎の手術を受けた。左耳の後ろの骨を削り取られる、のみを打つような音を覚えている。三か月余り入院して、退院してからもしばらく通院していたが、完全には直りきらず四十余年経ても未だに耳垂れはつづいている。

父は、その日私の勤めていた会社（建設業細川組）の社長に会い、私のことをどのような思いで、又どのような言葉で後事を頼んでくれたのか、当時の私は、父の悲しみを思いやることが出来なかった。私は、治療費の心配をした記憶がない。会社の人達は屡々《しばしば》、見舞いに訪れてくれたし、退院して復社したときも、温かい眼で見守られていたことを覚えている。

あの時、父が来てくれなかったら今日の私はあり得ないと思う。どうして父が五日目に忽然と奉天に現れたのか、そしてどう云う手蔓《てづる》で憲兵隊から私を連れ出すことが出来たのか、今もって私には良く解らない。その後父に幾度も会っているのだが、その時の話を父は一度もしたことが無いし、私も何故か聞いた覚えが無い。

私が十二、三才の頃、父に連れられて荒木陸軍大将の家を訪ねたことがある。父が何の用で訪ねたかは私は知る由もない。その後父の手紙を持って一人で訪ねたことがある。その時は、非常に上品な奥様が出てこられて御菓子を包んで貰ったことが印象に残っている。後年になって憲兵隊から出所出来たのは、その辺の事情あるのではないかと、ふと思ったことがある。

私は、たまに父の姿を夢に見る。眼を細くして、じっと私を見つめている。何も語りかけてくれない。」

f　（赤嶺）瑞子《みずこ》（二女、一九二四～二〇一〇年）

g　**大島七朗**（一慶）（五男）（一九二七年～　　）

大島洋行時代の七朗氏

（注：一九二七年、横浜市生まれ、一九六九年、ツーバイフォー住宅工法システム・メーカー「ギャングネイル社」日本代表を経て、株式会社「大島洋行」を設立し会長に。一九八四年、米国のシニア・オリンピック協会日本会長。俳人。静岡県駿河に在住。著書『人体革命』（史輝出版、一九九〇年）、『呼吸は語る』（たま出版、昭和五八年）、『老化は誰にでもとめられる』（経済界、昭和五九年）など）

大島七朗・竜王会第三代会長の寄稿文をここに掲載したい。

最初は、大島七朗「父の光に導かれて」より――。

「竜王先生（三浦関造）の三浦家及びその近親の方々の職業は、教育、宗教、哲学、文学、音楽、医学が主であります。

人はこの世に生を受けるに先立って、前世から霊界へ旅たった時に、既に生まれ変わる時の母親は決定していると聖者は教えておられます。人と人との巡り合わせ、特に父母、兄弟、姉妹との巡りあわせを思う時、誠に不思議の念に誘われます。

性格、思想、感情、体質、長所、短所も科学的には遺伝子の組み合わせによるものと考えられていますが、偶然に且つ無秩序に遺伝子が発生することは考えられず、宇宙原則に従い、作用と反作用の不変の原理原則に基づいて遺伝子は遍歴し、神秘不可思議な今生での父母との巡り合わせが発生するものと考えます。

さて、私は、三浦竜王師の五男(兄・姉のもとでは七番目)としてこの世に生をうけました。不思議なことに私は三浦家及び近親の共通した職業とは一切関係無い実業の世界に入りましたので、三浦家にとっては唯一の異端者でありました。面倒なことは嫌いで、ただ、簡単な芭蕉や蕪村の俳句には中学時代から心が曳かれていました。

私は「娑婆《しゃば》」の世界でさまざまの仕事、事業に携わって参りました。修羅場に似た世界に無一文で世に出た私を遠く近く、神秘的な力と光を授けてくださったのは、父・竜王師でした。父は常に金銭とは縁があるよしもなく、テレパシーによる力と光を私に授けてくださったのです。

私が二四歳の時、才気走って、勤め先の三菱重工業を退社し日本で最初のレンタカー店を東京の蒲田駅前で開業しました。蒲田駅から羽田空港への格好の便として最初は面白いように利益があり、車を月賦払いで増車し得意になり、更に、東京を中心にして全国的な規模でレンタカーの組合を組織しようと計画したところ、都の条例が突然発表され、白いプレートのクロナンバーで走っていた車が、突然、黒いプレートの白ナンバーに変更されてしまいました。その結果、お客様がバッタリ途絶えてしまいました。間もなく、増車した月賦資金も底をつき、使用人の月給も支払えず困却し、当時、駅の周辺で盛業中の某韓国人から借金しました。結局、この借金を返済出来ず困り果てていたところ、ある日曜日の朝、この韓国人が取り立てに私の家に怒鳴り込んで来ました。

この家には、父と母と妹の四人で住まっていました。丁度、父が玄関でこの取り立ての人と出会い、父は用件を聞くと、「どうぞ、どうぞ」と言い、この取立人を二階の父の部屋へ連れて行きました。

私は一体どうなるものかと気が動転してしまいました。

ところが、三〇分経つと、くだんの取立人は、「有り難い、有り難い」と笑い顔で二階の階段から降りてきました。彼は勿論《もちろん》、一銭の金も父から貰《もら》ったわけでもありませんでした。彼は、頭を下げて、さよならと言いながら立ち去りました。

不思議でならないので父に理由を聞くと、父は「彼が今後、正業に励み、必ずや成功し、巨億の富を築くように祈ってあげた。彼は新しい私の子供になったから心配は無用」とおっしゃった。

数年たらずして、彼は蒲田駅前周辺で屈指の実業家となり巨億の富を築いたということを、銀行の支店長から聞きました。

翌年、私が二五歳の時、日本は全くの不景気で、何を手掛けても失敗の連続の日々、迷っていたところ、突然、父から「これから、京都の鞍馬山へ、断食・修業に行こう」と声がかかった。この断食修業には、父の友人で神秘哲学者で著名な小田秀人先生も同行されました。

鞍馬山での断食と修業を経て、最後の夕方の瞑想の時に私は、生まれて初めての驚異的な神秘現象をありありと体験したのです。約、一五分程、呼吸を整え静かに瞑想していると、暗くなり始めた私の眼前の神殿の上方は純白になり、神々しい空間の存在に心身が招かれているのに気づきました。

この鞍馬山での神秘的な教えを戴《いただ》いてから、私に実生活での現象は一変しました。それまで想像もしていなかった諸外国の大統領、大実業家、精神指導者、発明家、との交わりが始まり、日本の代表的企業、団体、政治団体から協力依頼を受けるようになったのです。私の仏心一如の実社会での営みは年齢に関係なく続きております。」

大嶋七朗「綜合ヨガ竜王会三浦竜王師の想いで」

（『至上我の光』第五六九号：平成一六年四月一日、二～三頁）

「私は三浦竜王の七番目の子としてこの世に生を享けました。本年、満七七歳になります。不思議にも父が天界へ旅立たれた時、父は満七六歳でありました。

父の兄弟姉妹は八名で、一番上の姉は田中恵美子で、既に天界に旅立ちました。

顧みますれば、私は七番目の子であった都合上、父と同じ家で生活する年月は他の兄弟姉妹よりも一番長く、家庭内で時にふれ、父から精神的な訓話を幼少の頃から拝聴していました。その教訓の中で生涯忘れることの出来ない想い出を二、三左記の通り申し上げる次第でございます。

（一）父は明治四四年より

『家庭小説・喜《よろこび》』（ビヨルソン著）

『世界文学としての聖書』（モールトン著）

『エミール・人生教育』（ルソー著）

『個性の教育』（ロンブロゾー著）

『クリストフ闇を破って』（ロマン・ロラン著）

『（森林哲学）生の実現』（タゴール著）

他、ドストエフスキー、トルストイ、センキウィッチ、ソロー、ホイットマン、フレーベル等々の世界的名著（英語版）の数々を翻訳、上梓を行っていました。今でも国会図書館、著名図書館で在庫を紐解くことが出来ます。著述作品を含め約八十の名著を、明治・大正・昭和にわたり上梓しました。

（二）父は私が五歳の頃、米国の諸大学で比較宗教学、宇宙の神秘、科学と超科学、教育学を講ずる為に、片道の船の切符と僅かな金銭を持ち横浜港から旅立ちました。横浜港で父を見送ったのは母と私だけでした。埠頭からピンクのテープを父に投げかけた時のことは生涯忘れられません。

父は船の中で、医者から見放された米国人の子息達の病を癒しました。中でも小児麻痺の子が父の念力で静かに立ち上がることが出来るようになったことは船中での大ニュースになったとのことです。ロサンゼルスに船が着き、入国検査が行われ、特に東洋人の入国は酷《きび》しく、金銭を所要しない者は入国許可が与えられなかったそうです。検査は父の番になり、「あなたはドルを幾ら所有しているか？」と問われた時、父は「百万弗《ドル》持っている」「銀行は天国だ」と言ったところ、検査官は「こいつは狂人だ、上陸はならぬ」と大声で叫んだそうです。その時、父の後ろにいた米国の富豪（ロックフェラー家の人）が、「ドクター・ミウラの言う通り、私が保証する」と申し出たそうです。

父は無事に上陸し、約二年間、米国の著名大学等で講演を行い帰国しました。驚いたことに、横浜のグランドホテルの一階ホールは出迎えの方々で一杯でした。その中には多くの著名人、ＮＨＫラジオ、新聞社の方々も含まれていました。

二、三日後、父はＮＨＫのラジオ放送を行ったことを私は今でもはっきり覚えています。

（三）父は第二次大戦後、燃え残った東京・新橋駅前の蔵前工業会館を集会所とし、月一回、ヨガ、神智学の講演会を行いました。会場には米国人、英国人、中国人、オーストラリア人等も交え、いつも十数名の方々が参加していました。

米国人の中には占領軍総司令部のトーストという陸軍大将もおられました。彼は熱心な神智学者でした。世界連邦役員の下中弥三郎氏（平凡社・社長）、東洋大学・学長の大嶋豊氏もレギュラーメンバーでした。

（四）ユーモア、朗らかさ、明るさが無ければ廃墟の中から不死鳥は甦らないといわれておられた竜王師は、どん底の生活の中から、綜合ヨガの一頁を開いてくださいました。そして、人間の内なる神と、無限大に展開している宇宙意識とを繋ぐために光明マントラムを教えてくださいました。

綜合ヨガの光明マントラムとは宇宙八大法則の振動と神秘を伝えるものであること、七大聖に通じ、大救世主に通ずる至上至尊のものであることを心に銘じ、一心に唱えて、わが内に開かれる魂の窓から、実在界を讃嘆驚喜しよう、自我が驚くべき光の存在であることを発見しよう、と教えてくださいました。

マントラムには数えきれない聖者の至尊崇高なエネルギーが結集しています。清浄な思いを込めて唱えるマントラムには驚天動地の力があり、繰り返し唱えることは精神的な読書をすることにもなると、父は教えてくださいました。父はまた、肉体が健康で美しくあるばかりでなく、美しい心の世界、永遠無限への意識、魂の世界へ結ばれていることを総合的に理解する必要を教えて下さいました。

(五) 父の教訓、想い出は尽きることはありません。「太陽と地球の愛・光・力が無くては吾人は無い」、朝・夕・聖なるマントラムを唱え、私は天界の父・母の微笑みを一日も忘れることなく感謝・報恩の日々を送っております。現在(注:二〇〇四年)、七十七歳ですが、日・米両国の事業団体の顧問として勤めております。

(六) これからも長い天寿を現役でご奉仕致し度く存じております。

竜王会、竜王文庫の皆々様及びご家族の方々のご健康、ご多幸を祈願し、聖なる事業の発展を希《こいねが》い、朝・夕、静岡の自宅にて謹んでマントラムをお唱え申し上げております。合掌」

h 三浦関造の第八子・**水野いつ子**(イツ子)、一九三三年~(在米)に関して、『至上我の光』第五二号(昭和三三年七月)に、卒業写真と、砂漠に咲く花とともに移っているニューメキシコでの写真とともに掲載された竜王「ゼミニー生まれの娘」から、その要約を載せたい。

「この娘は昭和三一年三月青山学院大学基督教学科を卒業して、急にアメリカに行くと言い出しました。アメリカはキャンサス（カンサス）州のナショナル大学四年級に入学の為でした」で文章は始まり、渡航費用を自分で何とか作り、また、学院教会の牧師の尽力で寄付をいただいたり、竜王会会員の方々や母校の校友会の方々から餞別をいただき、ホノルル・シアトル経由で大学に着き、勉学の末、無事卒業したこと、ギリシャ語、音楽、数学に好成績を収めたこと、卒業後、次の大学への進学費用を得るために、米国全土に散在する学生キャンプに赴き、日本語を教え、大人のキャンプでは生け花を教えたり英語による講演したりしたことを記している。そして、このエネルギッシュな行動力は、いかなる困難をも克服しようとする、ゼミニー（双児宮）生まれ（五月二一日～六月二〇日生まれ）のゆえであるとの説明が加えられている。最後に、会員の方々への好意への、母としての三浦関造の妻・三浦春子の感謝の言葉が綴られている。なお、密教星学に関しては、三浦関造『天性心理学』竜王文庫、平成一一年（初版：昭和三三年）に詳しい。

（二）三浦関造の人脈および綜合ヨガの影響

三浦関造と親交があった人々、影響を深く受けた人々は数限りなくあった。ここでは、記録のあるものから代表的な関係者を選んで掲載する。

a　下中弥三郎（一八七八～一九六一年）

三浦の告別式で弔辞を読んだ下中弥三郎は、兵庫県丹波・立杭の窯業家から埼玉師範学校教師となり、大正期に進歩的な教員組織「啓明会」を組織、新教育運動の先駆者の一人となり、出版による啓蒙的教育活動を目指して平凡社を設立（社長）、戦後は、世界連邦運動に献身し、東京裁判における日本擁護のインド・パール判事に共感し交流、また、ノーベル賞受賞の湯川秀樹や東大総長の茅誠司らを集めた「世界平和アピール七人委員会」を設立し平和運動にも貢献した。彼は、教師出身でルソーの『エミール』の翻訳、ペスタロッチの伝記を書き、多くの教育書を記した三浦に共感し、三浦の書を出版したのみならず、しばしば自宅に三浦を招いて、三浦の綜合ヨガの話を聞いた。

晩年の下中弥三郎氏

b　**大嶋豊**（一八九九〜一九七八年）

大嶋豊は、戦前、彼が大本教に関与していた時に三浦と知り合い、親交を結んだ。戦後、三浦が蔵前工業会館で神智学の講義をしていた時に、下中弥三郎らとともにこの講義に参加した人物で、香川県に生まれ、東京大学法学部を卒業、東洋大学第二一代総長（昭和三二〜三五年）を勤めた。

c　**小原國芳**《くによし》（一八八七〜一九七八年）

玉川学園を創設した、日本における新教育運動の先駆者。小原國芳は、鹿児島師範学校に在学中、三浦関造の兄・三浦修吾（一八七五〜一九二〇年）に短期間、教育史と英語を学び、人格的な深い感化を受けた。三浦修吾が、請われて姫路師範学校付属小学校主事として赴任後、アーミチスの『クオレ・愛の学校』翻訳出版がベストセラーとなり、中村春二に請われて上京し、成蹊実務学校の教師兼

玉川学園創立者　小原國芳氏

『新教育』誌編集主任に赴任、やがて、大正九（一九二〇）年に四五歳で亡くなると、その遺児を玉川学園に迎え、夫人を寮母として迎え入れ、かつ、修吾の主著『学校教師論』などを出版部から出版し、生徒・学生に奨励した。さらに、玉川学園の校門に、修吾の翻訳書『第二里を行く人』の精神を、「人のもっとも嫌がることを微笑をもって行え・・・」として示し、掲げた。

修吾の弟・関造は、新教育運動の発端となった、ルソーの『エミール』の翻訳者であり、教師の経験と教育書出版の業績に加え、敬愛する修吾の弟であるという関係から、関造に親愛の情を抱き、関造の子供たちを生徒として玉川学園に迎え入れた。

d　**野口援太郎**（一八六八～一九四一年）

野口援太郎は、福岡師範学校卒業後、東京師範学校で学び、福岡師範学校などの教師を経て、姫路師範学校の名物校長となる。沢柳政太郎に請われて帝国教育会専務理事兼専務主事に。同志とともに新教育の実践場「児童の村小学校」を創設（校長）、また、新教育協会初代会長などの経歴を持つ、日本新教育運動の先駆者であった。三浦修吾と関造は、同じく福岡師範学校の出身者で、また、教育界に足跡を残したため、相互に親密な関係があり、野口は、A・J・タンスレーの『新心理学』（*New Psychology*）の翻訳を、同志たちと創設したばかりの「教育の世紀社」出版部の処女出版として、「多忙な私に代わり、放膳流暢の筆致をもって有名な友人・三浦関造君に托して、わかりやすく、読んで面白いようにと注文を付けて訳してもらい、再三校正した・・・」と序文で述べている。野口と三浦との親しい関係がうかがわれる。

e　**豊田実**（一八八五～一九七二年）

豊田実は、福岡県出身で、三浦関造の妻ハル（春子）の実兄で、三浦とは青山学院神学部の同窓生。英語・英文学者。青山学院で教え、第九代青山学院学院長（一九四六年―一九五二）を勤め、一九四九年から青山学院大学初代学長を兼任。キリスト者で、日本英学史学会初代会長を勤めた。明治一八年九月に福岡県に生まれ、久留米明善中学校を経て、青山学院高等部及び同神学部に学び、在学中に日本メソジスト鳥居坂教会で受洗。青山学院卒業後、さらに東京帝国大学に進学し、英語・英文学を専攻し、大正五（一九一六）年に卒業し、昭和五年に文学博士の学位を得る。大正一四（一九二五）年より九州帝国大学教授に任ぜられ、二〇年間この大学で図書館長、法文学部長などの要職に就き、昭和二〇年九月に定年退職。翌年、青山学院長に就任。英語・英文学の著書・論文多く、同学会の指導的地位にあった。三浦は兄の影響を受け、キリスト教徒となり、青山学院神学部に入学し、卒業後に豊田の妹ハルと結婚し、副牧師になった。こうして三浦と青山学院との関係が生まれ、子供たちは青山学院に通った。三浦の告別式では、豊田実は親戚代表として挨拶をした。

f　**野呂信次郎**（一九〇九～一九八七年）

野呂信次郎は、静岡県出身で、三浦と同じく青山学院神学部出身。音楽評論家、武蔵野音楽大学教授。少年時代に人生上の悩みを抱いていた時に、友人から三浦の『新約聖書物語』を借りて読み、キリスト教への眼が開かれた。二〇年後、ＮＨＫで学校放送の音楽担当であった三浦の次男・三浦宙一と知り合いになり、その奇遇に驚く。三浦宙一とは、無二の親友。三浦関造の告別式で弔辞を読んだ。

g　信楽香雲《しがらきこううん》（一八九五～一九七二年）及び鞍馬寺

京都・鞍馬寺の貫主・信楽香雲は、自分が関与する鞍馬寺の「ウエサク祭」（五月の満月の日に仏陀が一時ヒマラヤの高原に降臨する行事）の由来や、「鞍馬寺」の名称の由来などについて、疑問を抱いていたところ、戦後まもなく三浦関造に出会って、その意義を識り、大いに啓発され、かつ、体験を得て、昭和二二（一九四七）年に、天台宗から独立し、尊天信仰をもととする天台宗系の新興教団「鞍馬寺」を創設し、昭和二七（一九五二）年に宗教法人として認可された。「尊天」とは、神智学が明言する、太古の時代に金星から地球に飛来し、地球進化計画の中心者となったサナート・クメラであり、最初に地球に到着した地点が「クメラ」がなまった鞍馬山であったと三浦から告げられたのである。鞍馬寺では、護法の尊天（力）を中心に、護国の四天王の一体・毘沙門天（光）、及び、千手観世音菩薩（愛）の三尊を信仰の対象とし、「一人一人が尊天の世界に近づき、ついには尊天と合一するために、自分の霊性を目覚めさせる、自分に与えられた生命を輝かせながら、明るく正しく力強く生きていくこと」にあり、そのために「一、非行悪言を慎み、己を完成させること、二、真実誠心を以て、世に尽くす人となること、三、尊天より御力を戴き、強き信念を確立すること」、である。いわば、尊天を自己の霊性、すなわち「内なる尊天」と認識して、生活することが目指されている。そして、「戦後の混乱期に、鞍馬弘教開示をめざして熱い祈りを捧げていた信楽香雲先代管長が、尊天の霊示を受けて書き表した」

地球霊王サナート・クメラ像

『心の書』が、昭和二三年刊の『鞍馬山勤行儀』に収められた（鞍馬寺出版部編『心の書』一九七年、初版一九六八年)。以上、本書第一章「一二、神智学会解散と竜王会の設立」を参照のこと。鞍馬寺の独立教団の基盤を三浦は整えたのである。三浦との出会い以後、信楽と三浦は親友となり、竜王会の集会がよく鞍馬寺で開かれた。

h　**内垣日親**(ナーラーヤン内垣　一九二四〜二〇一二年)

内垣日親は、竜王会創立時(昭和二八:一九五三年)に、群馬県の妙義山・中之嶽神社で夏季の講習会が行われたとき、四七名の参加者の中の一人として、大阪から参加した(『至上我の光』第七号、昭和二九年九月一日、二頁、及び本書第三章、稲田年男氏の項、参照)。

彼は、和歌山県生まれで、金光教の影響を受け、神道系の神主となった。竜王会が創設されると、三浦のもとでヨガを学び、やがて竜王会発足の直接の呼び水となった、インドにおけるヨガの大聖たちの紹介書『幸福への招待』の影響もあり、インドの大聖パラマハンサ・ラーマクリシュナ(*Paramahansa Ramakrishna* 1836-1886)の教えに啓発され、『仏陀再臨・大聖ラーマクリシュナの生涯』を著し、昭和三二(一九五七)年に、ラーマクリシュナ・ヴィヴェーカーナンダ学園を設立した。インドに支部を創り、文化交流センターを設立し、賤民部落で奉仕による医療活動と職業訓練活動を行い、また、バングラディシュでは、戦災孤児と戦災未亡人のための母子寮を建てて、生活・教育支援を行う。一九七〇年代後半からアメリカにも活動の道を開き、宇宙との融合を目指す瞑想法及び日本文化を伝え、平成七(一九九五)年に日本文化振興会から社会文化功労賞を受賞。平成一〇(一九九八)年には国連ユニセフから世界平和賞を受賞、平成一九(二〇〇七)年にアメリカ大統領から大統領最優秀賞・金賞を受賞した。

i　**本山博**（一九二五年〜　）

本山博は「宗教心理学研究所」を創設（一九六〇年）し、米南カリフォルニア大学大学院を設立するなど、海外でも著名な存在である。香川県小豆島に生まれ、東京文理科大学（現筑波大学）哲学科を卒業、同大学院博士課程修了。

三浦の綜合ヨガと出逢ったときのいきさつを以下のように綴っている。

「私がヨーガを始めたのは二四、五歳のころであったと思う。三浦関造という人が、ヨーガの呼吸法を教えているというので、習いに行った。ナディショーダン・プラナヤーマ（ナディ〈経絡〉の浄化呼吸法）に止息を加えたもので，僅か五〜十分で終わり、簡単な呼吸法であった。それを毎日、朝行い、次々と英文、独文に翻訳されたヨーガの本、クンダリーニヨーガ、パタンジャリのヨーガストゥラ、瞑想法の本を読み、独習し、解らないところは神様に伺い、毎日プラナヤーマと瞑想法を種々と工夫し改良し続けたところ、クンダリーニが目覚め、空中に坐ったままで浮く経験をしてから、身体が非常に強壮になり、今まで午前中五時間も勉強すると、昼からは何もできないほど疲れていたのが、朝も昼も夜も夢中で勉強や仕事ができるようになった。・・・」（本山博『人間はどこから来て、どこへ行くのだろうか』宗教心理出版、二〇〇九年（二〇〇二年初版）、七三〜七四頁）。

本山が本格的なヨガ習得の端緒になったのが、三浦のヨガであったのである。その後、本山は、文学博士となり、米ジューク大学で超心理学の電気生理学研究に従事、インド、イタリア、スペイン、ブラジル、フランス、コスタリカ、カナダで講演を行い、一九九一年に南カリフォルニア大学大学院大学（ＳＣＩ）日本校を創り、ライン博士生誕百年記念賞を受賞するなど、精神世界での国際的な活動を行っている。三浦の綜合ヨガ的な生き方の継承者の一人であるといえよう。

j　**シェア・インターナショナル日本支部（シェア・ジャパン）発展の基盤**

英国の画家であり、霊覚者のベンジャミン・クレーム（Benjamin Crème 1922〜）は、神智学、ブラヴァツキー、アグニ・ヨガ、アリス・ベイリーなどの神秘思想を学び、覚者方とメンタルでの双方向の交流が可能となり、救世主マイトレーヤ（弥勒菩薩）が降臨過程にあることを認識し、その準備として、マイトレーヤの降臨の事実と、マイトレーヤの分かち合いの精神を伝える活動を一九七四年以来、全世界で行っている。

三浦関造は、日本における神智学の本格的導入を行った人物であり、また、独創的な綜合ヨガの創立者として、深遠なヨガの日本導入の先覚者として活動し、ドウリル博士やA・ベイリーらと連帯して、アグニ・ヨガやアリス・ベイリーの思想を紹介し、また、未来仏としてのマイトレーヤの降臨を確信して、それを予告し続け、イエスに対するバプテスマのヨハネの役割を果たした。自らもその役職を認識しており、かつて釈迦開眼（さとり）の際に、（仏典にある）最初に天から駆け付け、救世主釈迦の出現を祝福した竜王の存在を尊敬し、自らの会の名称「竜王会」としている。地球進化計画のセンターであるシャンバラの存在、その計画実現執行部隊ともいうべきハイラーキーおよび七大大師の存在と働き、個人や国家の性格を規定する七光線の存在、地球の各時代の特徴を生み出す星座一二宮の存在とその働き、・・・それらの情報のほとんどは、シェア・インターナショナルの情報と同一であり、シェア・インターナショナルのクレーム氏の日本講演が始まると、多くの竜王会会員がこの運動に参加し、日本がマイトレーヤ降臨運動における最も活発な国の一つになっているのは、淵源を訪ねれば、三浦の竜王会活動に行き着く。改めて、三浦の綜合ヨガの意義を吟味する必要があると思われる。

k　**仲里《なかざと》誠桔《せいきち》**（一九一六〜二〇〇二年）

『至上我の光』第八四号（昭和三〇年五月発行）の仲里誠桔「故三浦先生の一周忌に思う事」によ

ると、三浦関造の生前に、三浦を慕って指導を受けるためにはるばる沖縄から東京に来たところ、竜王会は本部があった品川の大崎からすでに引っ越しており、どうしても会えなかった。数年後もう一度、苦労して田園調布の本部を訪ねたところ、訪ねた一か月前に三浦が亡くなったので、大変失望したことを記している。だが、彼は文章の中で、ハタ・ヨガやヨガナンダの流れをくむヨガグループは日本にあるが、ハイラーキーにつながるラジャ・ヨガ（密教ヨガ）を行うのは、三浦の竜王会のヨガのみであり、これは現代にふさわしいヨガであると敬意を表している。また、仲里の『至上我の光』第九六号（昭和三〇年五月発行）の「ヨガを学ぶ友へ ― 三浦先生の三周忌にあたって ―」でも、三浦の綜合ヨガが最上であることを強調している。

一九八〇年代中期に日本でもベンジャミン・クレームの講演会及び『シェア・インターナショナル』誌発行などの活動が始まると、仲里は三浦のヨガ、神智学につながるこれに賛同し運動に参加した。彼は一九三八年、那覇市立商業学校教諭となり、結婚し、古知屋市助役を経て、戦後に沖縄臨時政府貿易長、翻訳官兼通訳官、そして翻訳課長となり、人民党沖縄郡島議会議員を勤める。一九五九年から一九七〇年まで「生長の家」地方講師を勤めたのち、一九八五（昭和六〇年）からシェア・ジャパンの沖縄伝導瞑想会主宰となり、伝導瞑想会の発展に寄与したのち、二〇〇二（平成一四）年に那覇市で逝去。享年八七。足跡としては、三浦関造没後の昭和三七（一九六二）年一月号『至上我の光』（第九二号）に、仲里誠桔「クリシュナムルティの秘伝式実況」がある。

生前、翻訳家として、ヒマラヤの大師方との接触体験を記したベアード・T・スポールディングの『ヒマラヤ聖者の生活探究』第一巻～五巻（霞が関書房、一九六九、一九七〇年）、ヒマラヤの奥地で直接大師方から学んだ教えである、マクドナルド・ベイン『解脱の真理』（霞ヶ浦書房、一九七一年）、同『心身の神癒』（霞が関書房、一九七四年）、同『キリストのヨーガ』（出帆新社、一九九四年）、同『神癒の原理』（出帆新社、一九九七年）の翻訳出版を行い、また、E・N・ピアースン『神智学の真髄』（出帆新社、一九九七年）、ジュアル・クール大師原著・アートゥ・ユリアーンス編『至聖への道』（出帆新社、一九九七年）、英国の著述家で神智学徒のアーサー・E・パウエル『神智学大要』全九巻（出帆新社、二〇〇〇〜二〇〇三年）、神智学徒アリス・ベイリーの『イニシエイション』（出帆新社、二〇〇三年）など、数々の神智学系の翻訳を手掛け、日本の精神界に大きな足跡を残した。仲里から影響を受け、彼を慕うもの多く、二〇〇三年五月に、仲里の本を出版した出帆新社の精神世界専門誌『とんぱ』第五号で仲里誠桔追悼の特集を組み、二〇〇三年九月七日には、都内で仲里の一周忌に、「仲里先生をしのぶ会」が催された。この雑誌に掲載された、編集部が仲里に行《おこな》った「最後のインタビュー・神智学の現代的意味」で、仲里は、三浦が紹介した神智学の原書に出会い、読むことになったことを告白し、「三浦先生は私の恩師の一人です」（二三頁）と述べている。また、三浦亡き後の竜王会で地方理事として働き、全国大会を提案し、それが実現した経緯が語られている。

m　さまざまな人脈

l　求道者たちとの交流

『至上我の光』の購読者であり、寄稿者であった鳥谷部陽之助は主として三浦修吾と親交のあった求道者たちについて記した（二九八、三二六号）が、それらの人は同時に多かれ少なかれ、弟の関造とも親交を結んだと考えられる。ここでは、これまで挙げなかった人物の名前のみを列挙したい。

—キリスト者・本間俊平、内村鑑三、宗教者・宮崎虎之助・光子夫妻、高田集蔵、（歯科医）四方文吉、岡田播陽、綱島梁川、西田天香、宮崎安右衛門、武者小路実篤、賀川豊彦、泥谷良次郎、江渡《えわたり》狄嶺《てきれい》、鳥谷部陽太郎など。

― 長女・田中恵美子に聞く ―

ここで、三浦関造の長女・田中恵美子が昭和六〇（一九八五）年一二月一五日に、東京・田無の竜王会本部で、熊沢、坂井、水越、渡辺らの竜王会会員の質問に応えつつ語ったインタビュー記録（オーラルヒストリー）「三浦先生を語る ― 一般的履歴面、大正期の生活など ―」を公表したい。この中に、様々な三浦の軌跡と交流関係が示されているからである。口語部分を残しつつも文章化にするために、一部の文章を補ったり省略することを前もってご了承願いたい。

（一）若い時代の三浦関造

問：三浦先生の履歴面からお伺いしたいと思います。

田中：高等小学校を出て、師範学校に入りました。それがいつであったかはわかりませんが。

問：高等小学校を出ると何歳くらいになるのですか。

田中：高等小学校は六年間の尋常小学校を卒業した後の二年間で、その後の師範学校が五年間です。そのころ、父・関造の父親が亡くなった後でしたから、その上の学校（注：東京高等師範学校のこと）に入って勉強することが出来なくてね、で、福岡のへき地の小学校教師として就職するんです。で、そのころ三浦修吾という秀才の兄がいて、高等師範学校を出て、すでに英語教師をしていて、文筆活動も盛んに行っていました。その家内（妻）が結核にかかり（当時は不治の病）、その家内の看病で、だんだんと自分も感染して、ひどい状態に陥り、とても親を看《み》るような状態ではありませんでした。それでうちの父（関造）が親を看ていました。その間に兄（修吾）の奥さんが亡くなり、兄の娘も預かっていました。兄は単身赴任のような形で東京とかどこかに行っていたらしいのですが、（兄のその後のことは）あまり詳しくは知りません。（父は）だいたい二〇歳代は小学校教員をしていました。
（父は）二六歳の秋、明治四二年の年に、まだ母が存命でしたが、結局、うだつが上がらなくて、（学校教師職を）辞めて青山学院に入りました。（母親に）「一年行ってくる」と言いましたが、（母親に）「一年でなくてもっと行って来い」と言われて上京しました。一つはキリスト教信仰があったわけですよね。一六歳の時キリストのイメージ（ビジョン）を見たわけです。父親が死んでしまい、生とは何ぞや、死とは何ぞやと考えたんです。それで、祝詞《のりと》の大祓いとかお経などいろいろの書物を読みました。（関造の）姉がクリスチャンでね、新約聖書をくれていたのです。それも読んでも（今一つ）自分の心にぴったりしないところがあって悩んでいたようです。その時にキリストが顕れたというんですよ。そのことは、『大直観力』などに書いてあります、で、自分もキリストの言葉を勉強したいと思っていたんじゃないですか。

それと同時にね、兄が英文学をやっていた関係で、自分も英語の勉強がしきりにしたいと思っていたんですね。だけど、師範学校に特に英語教育があったわけではないので、小学校の教員をしながら英語の本を読んだりして（英語の）独学をしていました。しかし、独学はしているけれど、やはり生《なま》の英語の声を聴きたいという欲求もあったのでしょう。で、神学校へ行けばネイティブスピーカーの宣教師がいますからでしょう。それに、神学校というのは、ミッションからお金が入りますからね。今のミッションスクールとは（当時は）すこし違っていて。まあ、そういうことで（父は）上京したと思います。

問：洗礼は受けているのでしょう。青山はメソジスト系ですから。

田中：もうすでに受けていたのか、青山に来て受けたのか知りませんけれど、多分、青山に来てから洗礼を受けたと思います。田舎には教会もなかったでしょうし。うちの母（ハル）も福岡の人で、東京に出てきて青山女学院のほうにいた（在学した）のですけれど、東京に出て来て、学校（青山女学院）で洗礼を受けたと言っていましたから。とにかく、異端的なキリスト信者だったわけですね。酒は飲むし（笑）、決してピューリタン的な人ではなかったのね。

問：副牧師をなさった時代はどうでしたか。

田中：副牧師時代は、大正元年から二年にかけて、少しの間であったと思うんです。ルソーの『エミール』を翻訳出版する前あたりを見当つけておけばよいでしょう。それでまあ大正二年くらいに結婚したのかな。私が生まれたのが大正三年。結婚と同時に（弘前に）行ったんですから、（大正）二年と三年の間でしょう。だいたい大正二年のことでしょう。副牧師時代は。ですから大正二年、卒業してから弘前に。弘前で副牧師をしたんですね。副牧師というのは、今はどういうシステムになっているか知りませんけれど、偉い牧師さんがいて、その下で働くアシスタントみたいですね。いずれは牧師になるので、プロといえばプロですね。でもなんていうのか、キリスト教の世界っていうのは非常に狭い世界でしょう。で、息苦しいような、そんな場面があったのではないかと思いますね。で、もう、そんな自分を殺しているような世界よりは、自分で表現できるような世界へ出たいというんで、かたがた、母（三浦にとっては妻）が子供が出来れば寒いところはいやだといったらしいんですね（笑）。それで東京へ帰ってきちゃったらしいんですよ。それから苦難の生活が始まるわけです。給料がなくなるから。先年、会員の紹介で、たぶんここと思われる弘前の木造の古い教会に行ってまいりました。青山学院大学に問い合わせれば、だいぶわかると思います。

昔の（青山学院）神学部に行った人って、皆そういうコースに乗る人が多いのでしょうね。昔は皆牧師になるためにそこへ行ったのですよ。牧師養成所みたいな所でしたから。で、父は入れられたときから、精神世界の方向へ行こうと思われていたんでしょうね。精神世界的なものに対する情熱は昔からあったんですね。一番手っ取り早いのが牧師だったのでしょうね。当時、仏教や神道では話にならなかったですから。（仏教や神道では）世襲制度があって、組織的に素人が入ってはいけなかったからですね。今よりもキリスト教はもっと魅力があったんですよ。ま本当に敬虔なキリスト者だったら違ったのでしょうけれど、そんなに信仰に篤い人ではなかった。

問：大正二年に『エミール』ですから、『エミール』に打ち込んだのは、副牧師時代というよりは、それ以前の学生時代からということになりますね。

田中：学生時代からでした。英語の読解力というのは独学で身に着けていたわけね。本を見て。でも生きた会話を身に着けたいことも青山に来た理由の一つでしょうね。

問：学校の先生時代にどのような科目を教えたのですか。

田中：小学校なら何でも教えますよ。だけどやっぱり田舎でも、福岡市内の学校ですと、県立の学校に入れたいとか、そういう教育方針があったでしょうけれど、（父は）もうまったくそれを無視したのね。人間教育を主体にしていたもんですから、評判は良くなかった。

問：エミール的な・・・

田中：そうなんです（笑）。そこら辺に関わっているかもしれませんよ。エミールを選んだというのは。自分の教育体験から、それからずっと後になりますが、それは翻訳ではなく創作だと思いますけれど、（代表的近代教育思想・実践家の）ペスタロッチに関する『愛は貧に輝く』っていう本を出しますものね。

問：昭和元年になりますね。

田中：あの『親鸞』のあと、あまり訳本は出さなかったのね。あの『新心理学』って本ね。大正一二、三年頃出したのですけれど、『親鸞』は大正一〇年でしょう。

問：大正一一年です。

田中：そうでしょ。関東大震災前ですよ。だから、『祈れる魂』という詩集を出したでしょう。そのとき決意してね、生活のために筆を持つことはやめようと。本当の自分自身の魂の発露みたいなものばっかりで筆を染めていこうという決意をするわけですよ。それでね、その第一作が『親鸞』だったのね。それからあと、いろんなものを書きましたけどね。それまでは全部翻訳ですよ。

問：創作が多くなってきました。売れたんですか。

田中：あんまり売れなかったのでしょうね。だから当然、苦労したみたいですよ。そもそもあの当時、本を読む人が少なかったのですね。それから『新生のあけぼの』かな。小さな本なのですけれど、この序文か何かにね、随分苦労して、今度何を訳そうかとか、子供が生まれて大変だ、どこかへ引っ越して独りになりたいとかね（笑）、そういう事が書いてあるの。本当に子供が続々生まれていましたからね、困ったんだろうと思うね。今だったらせいぜい一人か二人でしょう。私の兄弟は九人ですもの。それが年子みたいに毎年のようにザッザッとできるでしょ。だから食べさせるだけでも容易なことじゃなかったらしいのね。

問：筆一本でね。

田中：それに今みたいにベストセラーになるようなものじゃないしね。

問：そこら辺の葛藤ってすごかったんでしょうね。あるいは、その葛藤がそれからの生き方に生きてくるんじゃなかろうか、どうなんでしょうか。翻訳ったって、三浦先生の思いみたいなのがあって・・・。ドストエフスキーとか、やっぱり宗教周辺の文学ですよね。

田中：そうなんです。・・・（ノーベル文学賞受賞者タゴールの）『ギタンジャリ』もあるんですよ。私の家にはないんですけれど、海崎さんという人がほとんど全部持っていますのね。これも（タゴールの）『生の実現』のあたりも訳したんですね。

問：平凡社社長の下中弥三郎さんと大変親しかったですね。

田中：下中さん自身も精神的な面があってね、それで話が合ったみたいね。

また、(三浦関造著)『二人の苦行者』(聖書文学会刊) ― あれは自叙伝みたいなものよ。

問:大正時代に宗教文学ブームがあったんですよ。大震災までやたらと。倉田百三とか賀川豊彦とか・・・。

田中:(三浦関造著)『聖書物語』とかね。

問:ずいぶんと真面目な時代があったんですね。今じゃ書く人もいないし、読む人もいない。

田中:私の子供のころ、子供向きの『トルストイ物語』なんていうのがあったんですけれど、なくなってしまって。たしかモナス社かどこかで出したのですけれど。もう戦争があったので、出版社がみんななくなってしまったのね。

問:すごい創作活動をされたわけですね。

田中:それやらなくちゃ、食べていかれないでしょ。

問:いくら食べていかなければといっても、書けるもんじゃないですよね(笑)。

田中:竜王会になってだってね、(竜王会時代は)七年間しか生きていませんでしたけれど、毎年二冊くらいずつ本を出してましたものね。あんまり大きな本じゃなくてもね。私、一番不思議だと思うのはね、創作は別ですけれど、論文みたいなものも、『教育文学十講』とかね。いろいろあるんですけれど、それらを見ると、知識が豊富なんですよね。芸術面、宗教の面、哲学の面とか、本当に広いんですよ。だからそういう勉強をね、あの貧乏して、子育てしている間にいつやったのかって思うのね。本なんて全然買えなかったんですから。ええ。教員時代には随分と本を買って読んでいたみたいですよ。結婚してからよ、勉強できなくなっちゃうのはね。生活費の方へみんな回っちゃう。

問:スタートされたのが三〇歳くらいで、出来上がってからスタートされたということですね。

田中:それに、明治時代の人の英語熱っていうのは、今の人とは全然違いますね。ものすごく深いところまで行くのね。

問：志が大きかったのですね。

田中：そうなんです。うちの父もある程度まで英語を理解しましたけれど、周りにそういう人がいっぱいいましたもの。うちの母の兄（豊田実）ってのはね、父と一緒に青山の神学校に行ったんですけれど、ね。その人は、後に東大に行きまして、イギリスに留学して、皇后陛下にシェイクスピアを御進講したりね。で、青山学院の院長になったしね。また、母のいとこなんかでも、ものすごく英語を勉強して、ね。明治時代ってのは、そういう人がいたんですよ。明治人の迫力ってすごいんですよね。

だいたい、講演活動がものすごくてね。あんまり本を読まないときは、だいたいね、講演に行っていたのね。その講演は、みんな『エミール』が後を引いていましてね、教育講演が多かったですね。

問：それは意外ですね。

田中：中学校へとか、大正時代からずーっとですね。だから足跡はね、日本国内はもとより、台湾、北海道、樺太までもみんなあって、日本全土はもちろんのこと、満州でもあったのです。

問：かなり著名な人だったんですかね。

田中：教育界では割合と著名だったのね。文筆界よりも。

問：いまじゃ、逆転してしまいましたね（笑）。

田中：私は師範学校に入りましたのね。青山学院を卒業して、（文京区）竹早町の二部（注：東京女子師範学校）に行きましたのね。そしたら、付属小学校ってのがあって、付属の主任の先生（一般の学校の校長に当たる）が、やはり父の信奉者みたいな人でね。入ったとたんに、父がその人に紹介状を書いて、それを持っていきなさいといったことがありましたね。だから教育界で相当知られていたみたいです。

問：その面はちょっと考えなかったですね。角度を広げなければなりませんね。あの当時、いったい何を講演されたのかと、神智学かなと。教育って、人間のことってことで。

田中：あの、『愛は貧に輝く』も教育論ですから。そう、人間教育みたいにね。（玉川学園創立者の）小原國芳さんと仲が良くてね。あの人の全人教育みたいなね。玉川学園のできたときね、（父は）貧乏のころだったんですよ。赤貧洗うがごとしでね（笑）。子供たちを中学校にやることが出来ないの。それでね、私のすぐ下の弟、次の弟、三人くらいを、玉川に放り込んだの。それでね、タダで（笑）。寄宿させてもらって、食べさせてもらって、全寮主義だからね。昔はそうだったから、三人が全部お金払わないで、そこを出してもらったんですよ。それから（父の兄の）修吾の忘れ形見（亡き妻の娘）が一人いてね。母親と一緒に小原先生が引き受けてくれてね。一軒家をもらって、寮母みたいなことをしたの。小原先生、いい人だったですね。小原國芳って人は、修吾に教わった人なんです。それから兄弟だから、お付き合いが広がっていったんですけれど。ずいぶんと世話になりましたよ、小原先生には。

（二）兄・三浦修吾について

問：これ（年表）によると、（兄・修吾は）大正九年に亡くなられていますね。

田中：スペイン風邪か何かすごくはやったことがあったでしょ。あの少し後でなくなっちゃったのね。もうそのときは、肺病がひどかったの。

問：三浦先生にとっては、そのお兄さんの存在っていうのが、もうやっぱりかなりあったのではないですか。

田中：兄きには頭があがらないっていつも言ってましたよ。
問：高田集蔵（注：高田集蔵は、明治期から昭和期にかけてのキリスト教伝道者にして社会主義者、神秘家スェーデンボルグ思想研究者）の年譜を見ながら検討。ここにお兄様修吾さんのお仲間についてずらっと記してありますが、ご存知の方はありますか。中里介山（『大菩薩峠』で有名）は小説を書いていますが。・・・
田中：ええ、宮崎虎之助（注：夫人の光子とともに預言者と称された人物）を覚えている気がします。新興宗教のようなものをおこしたひとでしょ。あと、江渡狄嶺《えわたりてきれい》（青森県出身のトルストイ主義者、農事家）という人は、杉並区で農場のようなものを経営していたようでした。この人の関係者で鳥谷部さん（注：父・青森県出身の陽太郎、息子・陽之助）、お父さんの方ですが。
問：鳥谷部陽太郎さんは、キリスト教周辺の方で、「兄弟愛運動」というユートピア運動をやった人で、大正時代あたりに『兄弟通信』という雑誌を出し、その執筆メンバーに三浦修吾先生の名前があるんです。
田中：あと、秋田雨雀《あきたうじやく》（注：劇作家・児童文学者）とか谷口雅春（万教帰一の「生長の家教団創設者」）も（記載されて）ありますね。ああ、そうそう、武者小路実篤（注：大正・昭和時代の小説家、詩人、画家、共同社会「新しき村」創設者）とも付き合いがありましてね。西田天香（滋賀県生まれの宗教家、無所有の奉仕生活を行う「一燈園」の主宰者）さんの一燈園ともご縁が。武者小路さんのところにはよく、お金もらいに行ったり、借りに行ったりね（笑）していたみたい。
問：修吾さんの息子さんか娘さんはおられるんですか。
田中：息子（明三）がいるの。娘あけぼのはいたんですけれど亡くなってしまいました。
問：修吾さんはどのような本を書きましたか。
田中：修吾は教育者ですよ。『学校教師論』なんて本書いてね。で、修吾の『学校教師論』は長いこと青山師範学校（男女二校）の教科書として採用されていたの。だから教育界では権威のあった人だと思うのね。息子はその本を持っていると思いますよ。『第二里を行く人』なんていう本もあるのね。一番売れたのは、『クオレ・愛の学校』ね。

（三）戦時中の三浦関造

問：戦時中のことについてお知りのことをお話しください。

田中：第二次世界大戦中はね、ずいぶん軍部とも関係があったのね。不思議だと思うのよね。私、このころ一緒に住んでいなかったからね、嫁に行ってしまいましたからね（夫は田中保富《よしとみ》）。上海（昭和一五～二〇年）には、軍部（陸軍）関係で行ったんですよ。海軍に嫌われて。海軍が真珠湾（攻撃を）やったでしょ。あの前に、（関造は）一生懸命に、戦争したって負けると、戦争なんかしちゃダメだっていうことを、一生懸命言っていたんですって。（父は）非戦論者だったんですよ。だけど陸軍の軍部には耳を傾ける人がいてね。荒木大将（注：荒木貞夫。東京出身の大正・昭和時代の軍人・政治家、犬養内閣陸相、近衛・平沼内閣文部大臣）なんかが耳を傾けてくれたのね。だけれど、海軍の方はぜんぜん耳を傾けないで、攻撃を強行してしまったわけですね。それじゃ、非戦論者が東京にいたんじゃまずいっていうので、上海に亡命させられたの。で、生活費は陸軍から出てたの。だからね、そのころの母は、うんと楽々と暮らしていたの（笑）。ほんとにね。「ダンナはいなくて留守がいい」みたいな（笑）。

問：ところで、ここに上海の地図があるんですが、先生はどのへんにお住まいだったのですか。

田中：私は一度も（上海に）行かなかったの。だから、今度行って調べてみたいなあと思うの。・・・下宿がありましてね。ちょうどそのころ事業で上海に行っていらした方もあるでしょ。例えば森永牛乳とかね。そうゆう人たちと知り合いになってね。あとで竜王会のメンバーになってくださった人もいるし。それから、ミロク経理ってのをご存知ですか。つぶれかかったんだけれど。経理の帳簿を新しいシステムで作り出した会社なんですよね。その人がね、鈴木さんていう人なんですけれど、やっぱりいっしょの下宿に住んでいらしたんですって。この方、神秘的な人でね。経済人ですけどね、ある時、日本に帰ってから、ミロク菩薩が出ていらしてね、こういう経理の方法をやったら便利でいいって（笑）言うのね。方法論を教えて下さったんですって。で、ミロク経理って名前にしたのよ。で、浅野さんという竜王会のメンバーになった人もね、一緒に下宿にいたわけね。その人が、鈴木さんがミロク経理できるからこの経理の方法でやりなさいって紹介して下さって、ずーっとミロク経理でやったんですわ。最近まではね。今はもう変わってますけれど。生きていらしたら、相当高齢ね。

問：今、上海論がブームなんですけど、ジャズメンの話とか派手な面ばっかりで、知識人の亡命などは全然知られていない状況です。上海時代に（三浦関造が出した）英語の何冊かの本から住所がわかりませんかね。また、三浦先生が国策プラン（陸軍が理解して海軍が拒否した）をお持ちだったようですが、どのようなお考えがあったか興味があるのですが。

田中：陸軍にはかなり権威があったみたいね。私の弟が蒙古に行ってて、現地応酬みたいになって、満州で軍務に服していたんですね。それが満州のどこかの駅で、憲兵がすごくえらそうな顔をしているから、しゃくにさわって憲兵にたてついたんですね。そしたらものすごく殴られてね、瀕死の重傷みたいになっちゃった。耳の鼓膜を破られて、営倉の中でうなっていたのね。監獄に入れられちゃった。そしたら、突然呼ばれて出て行ったら、父（関造）がいて、そのままそっと出してくれたというのね。だから「おやじは偉いんだなあ」って（笑）、弟（四男・雷造）が言っていました。

問：ちっと話が違うのですけれど、先生が家にいらっしゃった、その三浦先生の印象はどうだったのですか。やはりいつも机に向かっておられたのですか。

田中：家にいるときはそうですよ。あのころ、お尻のところが避けそうになった綿入りのドテラを着ていましたね。私はずるいんですよ。習字の宿題なんか書いてもらった（笑）。講演に行かないときは家にいましたよ。だけど、天理教の話（『黎明の聖女』）などを書くときは、天理教に泊まり込んでね。あと、散歩くらいはするけど、物見遊山なんかできないもの、お金がないから。

　講演はものすごくうまかったらしいわね。情熱的でね。獅子吼するようなタイプでね。で、竜王会やるようになってから、「昔、高校時代に（三浦の講演を）聞いた」とか、「中学時代に話を聞いた」という人がいましたよ。「内容は忘れちゃったけれど、胸に響いてきた、その響きだけは今も忘れない」なんていう人がいましたからね。相当情熱的に話したんじゃないかと思いますけれどね。

問：田中先生が結婚されたのはいつですか。

田中：五〇年位前です。昭和一二年頃じゃないかな。私が結婚したころは、あんまり（講演は）なかったですよ。

問：で、一五年で上海ですね。これは向こうで（上海で）べったりですか。

田中：そうべったり。あっ、一宇荘だ。その下宿にずーっといたんですって。・・・

　満州にも講演で行ったんですよ。亡命する前にですね。

（四）戦後の三浦関造

『幸福への招待』（昭和二八年発行）に関するエピソードなどありましたら。

田中：後で聞いたんですけれど、これは『ヨガナンダの一生』って本を英語で読んだと思うの。その知識から自分で書いたと思うんですね。それでね、『ヨガ行者の一生』をコンパクトにして、自分なりの考えを混じえて書いたんですけれどね。結局その『ヨガナンダの一生』という本の海賊版みたいに言われてね。攻撃を受けたんですよ。で、それ、発禁になっちゃったの。

問：結局、情報的にも全く未知のものだったという驚きがあったんですね。その驚きは無視しえないですよね。

田中：そうなんです。それで、読書カードを本の中に入れておいたでしょ。その読書カードで何百人の人がはがきを寄せて下さった。それを基にして竜王会を創っていってました。その前は、竜王会ではなくて、神智学の集まりをやっていたの。蔵前の何とか会館で（注：蔵前工業会館）。それには日本人はあまりいなくて、進駐軍とか外務省の人たちと英語でやっていたらしいの。でも、英語だけじゃね。それに進駐軍は入れ替わり立ちかわりになるし、英語でやるより日本語で日本人にやった方がいいって考えもあったわけでしょ。それでたまたまこの本ではがきが来たから。

問：ミロクロッジは神智学の集まりなんですか。

田中：ミロクロッジは神智学の集まりなの。いつ帰ってきたんだか忘れたんですけど、戦後の翌年くらいに帰ってきたんでしょうね。それからね、『星条旗』（注：Stars and Stripes）ってアメリカの新聞があったんですね。その新聞のストーリーテラーになったんです。ストーリーテラーはね、日本の新聞に出たニュースを、英語で『星条旗』の記者に話して聞かせる役なんですね。そうすると向こうの記者が、また記事にして載せるんでしょ。だからその時代はまたちょっと羽振りが良かったんじゃないですか（笑）。（ところが）そうしてたら、今度パージ（公職追放）になっちゃって。『神国日本の啓明』(昭和九年）とか『大日本は神国也』(昭和一二年）が見つかっちゃって（笑）。昭和二三年か二四年にパージになった。それからちょっと苦難の年月があって、そして『幸福への招待』を出したんでしょ。そして、そのころ私たちは東京にいませんでしたから、どういう苦しい目にあったかは知らないんですが、（『幸福への招待』が発禁処分になったことは）本当にくやしかったたって言ってましたよ。（内容を）盗んだわけでもなく、ずいぶん悔しがっていましたよ。

（注：三浦は、戦前に翻訳家として『エミール』ほかさまざまな外国書を翻訳出版しているが、それぞれの本の精神をつかみとって意訳したものが多く、また、当時は出版権という考えが薄く、戦後になって、それがやかましくなった事情がある。戦後直後といってよい時期の『幸福への招待』は、戦前の出版慣行に習ったものであるし、タイトルは原書の『ヨガ行者の一生』ではない。そのタイトル『幸福への招待』が示しているように、意訳であって、原書の三分の一程度の縮小訳であり全訳ではない。また、本の内容を自家薬籠化したうえでの啓蒙書であり、さらに三浦の習得したヨガ・神智学の知識を入れた、解説的訳本と言えるものであった。その三浦の深いヨガの知識に裏付けられた独創的書であったがために、『エミール』のときのように、『幸福への招待』は多くの読者の心を捉えたのである。単なる盗作は、決して人の心を打つことはないのである。）

（ところで、）品川時代っていうのは、私の兄弟の方が知っていると思うのね。妹はだいぶ仕事を手伝っていたようだから。弟も知っているでしょうし。

私は疎開していて（東京に）いませんでした。父が書いた本なんか、例えば竜王会になってからの『聖シャンバラ』なんかを、母が時折持ってくるでしょ。何一つわからなかった。なんとばかばかしい荒唐無稽なことを書いているんだろうとね（笑）。お父さんはきちがいだって思ったぐらいですよ（笑）。戦後、（父は）ヨガってのをやりだしたそうだねなんて、田舎で話していたんですよ。

問：田中先生がこういう風になられたのは、（お父様が）亡くなられてからでしょうか。

田中：亡くなる少し前ね、父の（竜王会の機関誌）『至上我の光』ってのがすでに出ていましたね。その発送を手伝えって言われましたから。昭和三一、三二年頃かな、それからですよ。それだけではすまなくなった。発送だけで何も知らなくていいのと思ってね。で、（父が）亡くなったでしょ。亡くなってみると、私に後《あと》をしろ（継げ）っていうからね。何も知らないのに、いやだ、って言ったんですけれどね。でもほかにやる適当な人がいない。あんた、（発送事務しているから）会員の名前、全部知っているでしょうなんて言われてね（笑）。それが病みつきですよ。たしかにそのころ会員の名前と顔と全部一致していてたし（わかっていたし）、で、便利は便利だったんですけどね。内容も知らないでね。だから苦労しましたよ、私は。ただ一人、一番下の弟の七朗。今、大島って言ってるけれど、あれは割合、神秘的なのが好きでね。竜王会になってから、鞍馬山や何かに（父が行くときに）ついて歩いていましたのね。でも、積極的にね、父の仕事を理解して自分が跡継ぎになってやろうという子供はいなかったの。私は押し付けられてなって。だから、なってから勉強して少しは理解するようになったんですけれどね。やっぱり、カルマというのか、運命っていうのか、ありますねえ。別に自分で決して望んだわけでもないしね。ま、ときどき（父から）「あとをついでやらないか」ってことはありましたよ。でも、私にそういう気がなかったから。

問：川面凡児《かわづらぼんじ》とのおつきあいはいつごろのことでしょうか。

田中：私が女学校三、四年生の頃かな、アメリカに父が行く頃ですよ。川面さん自身が（昭和）七年くらい（昭和四年没）に亡くなっているんですよ。川面凡児さんの団体について、私、知っているんですね。（父は川面さんの住んでおられた）新大久保から（昭和初年ころ）アメリカへ行ったんですわ。私が女学校一年になったとき御大典（天皇陛下即位の礼）があったんですから、それから三年くらいたってのことじゃないかな。川面さんの最晩年のころですね。後で『川面凡児伝』を書いた人（金谷真？）、その人、ここ（竜王会）にも来ていましたけどね。（川面さんの禊《みそぎ》で有名な）中西旭という方に私ね、神智学教わったの。中西さん、私にいろいろなことを教えてくれましたよ。例えば神道の「神おろし」とかね。神が降りてきて、審神者がいて、神主がいてって、そうゆうことを（私は）全然以前に見たことないのね。で、中西さんが連れて行ってくれたのね。見ていただけだけれども。・・・その中西先生がね、「あなた、神智学協会に入会した方がいいよ」なんて言ってね。全部教えて下さったの。それから神智学に接触したの。

問：今東光のお父さん（についてもお話しくださいませんか）。

田中：今武平さん。あの方と父が関係があったかははっきりは知らないんですけれどね。今武平さんも、「神智学」という言葉を使って、「霊智学」という言葉を嫌ったと、今東光さんが書いていましたけどね。

あのう、父がうんと親しくしていたロシア人のおばさんがいるんですよ。四、五年前に亡くなってるんですけど、マルゾフさんといわれる方です。ロシアの貴族の娘でね、あのレボリューション（革命）で追われて、日本に亡命した人なんですね。で、その人が神智学を勉強してたの。でね、その人の所にはね、今武平さん来ていたみたい。そういうつながりはあったんじゃないかな。

問：（マルゾフさんについて）ジェフ（・クラーク）もよく行っていました。

田中：とても神智学には詳しい人だったのね。神智学とアリス・ベイリーとアグニ・ヨガと、みんな。

問：お一人で住んでいらっしゃったんですか。

田中：そうですよ、一人ですよ。幸いその人はピアノが相当うまい人だったので、聖心女学院（？）の国際部のピアノの教師になってね。八〇、九〇歳近くになっても教えてましたよ。特別に教えさせてくれたのね。

問：ブラヴァツキーと同じロシア人ですしね。これは面白いですね。世の中にはほとんど知られてない・・・。

田中：知られることを嫌ってましてね。聖心女子大学にそういう精神的なことをやっていることを知られるのがいやだったの。（聖心女子大学は）キリスト教だからね。その人やっぱり白人だからね、白人の男の子をうんとかわいがったのよ。だから私、次々と白人の男の子を紹介したね（笑）。ジェフが最後だったけれどね。で、白人の男子もみんなおばさんに親切にしてくれた。ジェフも一生懸命によくやってくれた。はじめはいやがっていたんですよ。口うるさいから。おばさんだから（笑）。あの、ネクタイなしでシャツなんかで行くと、学校はどこだ、なんて言われたりしてね。（その学生の）お母さんにまで手紙を出したらしいですよ。問い合わせの（笑）。あとでほんとうに親切にしてあげましたけれど。マルゾフさんは五〇年以上いたでしょ、同じ家に、（杉並区の）荻窪にいたの。

問：朝日新聞にこの人の死亡記事が出たようです。

田中：自分ではね、ロシア人って知られるの、いやがってましたよ。でも、孤独だったんでしょうね。日本なんかでロシア人が（生活しているので）。猫、いっぱい買っていたの。それで晩年にはね、「自分が死んじゃって猫が残るのはかわいそうだ」ってね、みんな去勢してね、最終的には、みんなお薬で殺してもらってね、お医者さんに。そしたら、独りでしょ、ゴキブリが出るでしょ。「ゴキブリしか私にゃ、仲間がいない」なんて言ってましたけどね。

問：彼女は、ロシア語、ドイツ語、英語、イタリア語、日本語ができたです。

田中：竜王会の中ではね、海崎（三智雄）さんて方が、ほとんど本を持っている。江東区の方に住んでいらっしゃる。若いですよ。独身です（平成二六年没）。それから栗原健仁さんという人。この人は年配ですけど、ミロクロッジなんかに出てた人。その人は以前、（三浦関造の生誕）百年記念祭やるときに、いろいろと資料を出していただいたの。大田区南牛込の人。この人は、伝記でも書くときは手伝うなんて言っていた。深沢（孝）さんは都立大（建築学科）の先生（講師）で（東京都）花小金井の方です。（東京芸大美術学部出身の油絵画家。一九三一静岡県富士郡生まれ、二〇〇八年没。フランス語と英語が堪能で、フランス語版 Jean Herbert, *L,enseignement de RÂMAKRISHNA.* Albin Mishel,（ラーマクリシュナの教え）1949の訳を『至上我の光』に連載し、没後の平成二三（二〇一一）年に竜王文庫から出版された）。

問：どうも長い時間ありがとうございました。

第四章　愛弟子から観た三浦関造とヨガの実習体験

晩年の稲田年男氏

以下に、三浦関造の生前の愛弟子《まなでし》であった稲田年男氏に、直接インタビューする機会を得たので、その内容を示したい（この内容は、かつて『至上我の光』に連続掲載されたものの概要）。

稲田年男氏に聴く

インタビュー：二〇一四（平成二六）年五月三日　岩間　浩

茨城県高萩市在住の稲田年男氏から、二〇一三年五月三日に綜合ヨガの講習会を行う旨の告示（『至上我の光』を通して）があり、筆者は、三浦関造から直接指導を受け、しかもヨガの実習を今も続けておられるお弟子（三浦先生没後五〇年以上経過）に会うべく、東京から常磐線を利用してご自宅にお伺いし、午前一〇時から一二時まで、三浦先生伝授のヨガ実習の指導を受けると共に、ヨガ実習に伴う基本的な態度、そして綜合ヨガの在り方について伝えられたので、ここにその要点を記す。

なお、稲田氏は、二〇一一年三月一一日の東日本大震災当日、隣町の十王町で人工透析中で、海岸近くにある日立市川尻町の港近くの自宅が三回目の津波によって、床上約一メートル一〇センチの浸水で全壊となり、その後自宅を放棄して、北に一〇キロメートルの高萩市の現在地（高萩市大字島名）に中古の家を見つけて購入し、ここに長男、長女、次男の子ども達三人と稲田夫婦の五人家族で住んでおられる。津波で五トンの伝馬船も流され、生業であった漁師業はそれ以来止められた。

五月三日に筆者は稲田宅を訪問したのだが、実はこの日の正午過ぎにご自身の人工透析治療のために病院を予約していたことを忘れておられたとのことで、正午で打ち切りとなり、午前中の二時間、訪問者岩間一人のためにヨガの実習とお話しがあった。別の日であったら筆者は訪問不可能であったので、かえって幸いであった。稲田氏の懇切なご指導とお話に感謝申し上げる。稲田氏は昭和九年生まれで、平成二六年現在七八歳である。

（以下の文章では、稲田氏が直接語っておられる言葉を再現し、ご本人を「私」とするが、「です・ます」調ではなく「である」調に直して記録する。また、本文は、ご本人が直接加筆訂正された。）

（一）三浦関造による最初の綜合ヨガ講習会について

最初の竜王会の綜合ヨガ（一泊二日）講習会が群馬県・妙義山中腹の中乃嶽《なかのだけ》神社本殿で行われ、四〇人余がこれに参加した。内垣日親という神主さん（筆者注：のちにラーマクリシュナの伝記を書き、ヨガ行者となる）も参加していた。（筆者注：竜王会の資料によると、この集会は、昭和三一（一九五六）年八月のことで、内垣氏の他に、禅僧・中川宗淵、歌人・宮崎白蓮、平凡社創業者・下中弥三郎らも参加。）

当時二〇歳の私は、上野駅行きの常磐線川尻駅（現・十王駅）より、水戸駅で下車し、郡山《こうりやま》線に乗り換えて、下館駅で再び乗り換え、高崎駅で下車した。ホームで軽井沢・下仁田駅行きの一両の軽便鉄道列車を待っていたときのことであった。肩幅の広いがっしりした中背の方が一行の三人の大学生のような方々と会話しているのを何気なく見ていたが、その方から私までは六～七メートルくらいの距離なのに、会話の声が聞こえなかった。ややあって軽井沢・下仁田行きの電車が来たので乗車すると、その方たちも乗車した。軽井沢・下仁田行きの電車は初めてであったので窓の外の風景などなどを眺めていたが、上州馬庭駅（剣の馬庭念流会の発祥地）で停車した。すると、その方が下車するために出口に近づき、出口の方から私の方をじっと見つめて、ゆっくりと下車していった。あとの三人はどこで降りたのかそこにはいなかった。ちょっと変に思い、ふと、あの方が三浦先生ではなかったのかと思った。ここより（バスは日に二回しか来ないために）、妙義山に登るという二人の方と共に歩いて行くことにした。五月なので鶯の声が聞こえていた。

瞑想中の三浦関造氏

中乃御嶽神社に着いたときは、神社の拝殿で講習会が始まっていた。会場の拝殿に入ると、四〇人ほどの方が座っていて、西側におられる三浦先生の話を聞いていた。驚くことに、その話している方は、あの高崎の駅のホームで見た方にそっくりな方であった。そこで自分のすぐ隣の人に、「先生はいつ来られたのですか」と尋ねると、「三〇分前にはここに坐っておられました」との返事であった。あそこからタクシーで来られたのかな、と思ってみたが、とうてい三〇分などでは来られるものではないので、不思議なこともあるものだと思った。

あとで分かったことだが、三浦先生はホームにいたときはアストラル体でおられたのである。『至上我の光』（第六六号）に、四国で瞑想中の三浦先生の写真がある。それは、三浦先生の頭部が写っていない。背後の障子には、三浦先生の全体が陰になって写っている。これも三浦先生がアストラル体状態になっていたことを示している。（注：竜王会機関誌『至上我の光』第八七号：昭和三六年八月発行に、水野正雄「統一と治療に就いて」に、昭和三一年春、丸亀の白川宅で三浦を囲む瞑想の会が催され、三浦が深い統一三昧に入り、チベットの大師がメンタル体で飛来されたときの、三浦を写した写真が載せられている。結跏趺坐している三浦の腹部から上部にかけて肉体が全くなくなり、下部は趺坐のまま肉体が写り、上部は陰影となっているのみの不思議な写真である。ほかにも、三浦がアストラル体でチベットの大師に会いに行った時の同様の写真もあるという。）アストラル体でシャンバラの大通路に行くことを許されたいきさつが書かれており、後日納得することが出来た。三浦先生はこの時、「私はアストラル体で、チベットの淋しい山奥のお寺の縁側に座っていたが、一匹の虎がきたので、ハンカチを振ったところ、立ち去って行った」と説明された。

（二）治癒体験

なお、不思議なことに、私は当日、暑気当り（熱中症）に罹《かか》っており、前日からひどくなっていた下痢が、薬も飲まないのに、高崎駅からその場所に来るまでに忘れたように治ってしまっていた。また、私が三浦先生の話を聞きつつその顔を五分間ほど見つめて統一状態になると、三浦先生の体が金色に光り輝き、神像のような姿になった。あとで、中乃嶽神社の祭神の一方が大国主大神であることを知った。

このような治癒体験が三年後にも起きた。東京台東区上野・田子坂近くの禅寺の別室で三浦先生の講習会があった時のことである。四日ほど前から右手中指の根元が膿《う》んで（瘭疽《ひょうそ》）三日間ほど痛みのために眠れぬ夜が続いたが、がまんして、川尻駅（現・十王駅）から汽車で上京し、約三〇分遅れて講習会場の玄関の前に立つと、三浦先生がすぐ顔を出され、「稲田さん、よく来られましたね」と私の痛む右腕を三回ほど右手でなぜた。そのとき、私の右腕に何かスーッと何とも云われない感じがして、右手の中指の激痛が止まってしまった。この体験から私は、三浦先生が霊能者として病気を治す治癒力を備えておられると実感した。

（三）竜王学院（―学園）について

三浦先生は、講習会の時には、会員に「ヨガを学ぶ者は学徒であれ」と説き、ドウリル博士がカリフォルニア州デンバーにヨガの単科大学を設立したのに倣い、日本に「竜王学院（―学園）」（ヨガに関する単科大学）を建設し、シャンバラの地上での東洋の拠点とするのを念願していた。これは、ヒマラヤの大師方の使命である（綜合ヨガによる）「世界奉仕者団体」を日本に創る目的の為であった。私は、ドウリル博士のものを読んでいるが、ドウリル博士は超人的意識に達した方であると思う。三浦先生もまた、超人意識に達したヨガの行者であり、その教師であったと私は理解している。

（筆者注：ドウリル博士に関しては、三浦関造『聖シャンバラ』竜王文庫、三浦関造『革命ヨガ：霊性の太陽』竜王文庫、M・ドウリル編著、田中恵美子訳『エメラルド・タブレット』竜王文庫、M・ドウリル著、林鉄造訳『秘教真義』（霞が関書房）及び、ドウリル著、林鉄造『カバラの真義』（霞が関書房）などがある。訳者の林鉄造氏の解説には――「ドウリル博士は一九〇一年アメリカのオクラホマに生まれたが、生まれながらにして多くの前世の複数の記憶を有し、幼少にして教育を受ける必要のない程の物識りであった。そして二三歳のときに大師から第三回目の啓示を受けて渡印し、印度・チベットの秘院で八年間に亘り最大秘密に属する秘教を学び、ヨガの大殿堂シャンバラで最高の奥義の伝授を受けて帰米し、一九三〇年デンバー市にブラザーフッド・オブ・ザ・ホワイト・テンプルを創立し、教会と大学を併設して、子どもの育成に当たった。・・・一九六三年一一月感謝祭の当日デンバー市郊外セダリアで肉身を捨てられた・・・――」）。

(四) ヨガの統一状態について

私は、ヨガの行（呼吸法及び意識の浄化・向上）により「統一状態」に達したことによって、三浦先生のことがよく理解できるようになった。ヨガの行を行って三年目くらいになると初歩の統一状態に入り、三年目頃からはやや深い統一状態を経験するようになり、十年目頃から意識が肉体から離脱するようになって、やや深い統一状態を体験するようになった。

なお、いろいろな霊に憑依される恐れがあるので、ヨガでは意識を浄く保つことが大切である。統一状態を経験するようになると、ヨガ関連の書物に書かれていることをよく理解できるようになった。よく、精神統一とか無念無想とかいって、ヨガの統一状態と混同して語られることがあるが、私のヨガの体験からすると違う。私は禅による禅定は体験していないが、ヨガの統一状態の最初の段階を体験している。座法を結跏趺坐あるいは体の状態により安全座法をとり瞑想に入るが、そうすると雑念が湧かず、気持ちが落ち着いてくる。これが精神統一である。問題はこれからである。ここで統一状態になったとして、瞑想を辞めてはならないのである。禅では、ここで、百尺竿頭より一歩を進めと諭《さと》している。これが出来たとき、禅定に入ることを意味しているからである。この状態になる前に、組んでいた両手がだるくなり、やがて重くなる。こうなっても瞑想を進めていくと、ある所まで来ると、体全体がずんと重くなり沈んだようになる。そして、自分の意識が中空にあって四方八方を見ているような意識状態になる。その状態を三浦先生は詩の中で「千手観音の実相我となって宇宙にあり」と描写しておられる。

私の体験は、三浦先生のように深くはないが、ややこれに近い状態であった。統一状態になっていた時間は、瞑想に入ってから三〇分位だと思っていたが、実際には、五時間位経っていた。統一状態に入ると、時間感覚は、通常の感覚とは違ってくるようである。

統一状態になったのは、五〇歳代で、ヨガの呼吸は、毎日やっていて、約三〇年くらいになったわけである。海辺の砂浜で結跏趺坐して、真夏の太陽を朝八時から午後三時まで直視して瞑想したのは、三〇歳代の、両親がまだ健在している時だが、視神経が完全に強化されたのは、二〇歳の時よりヨガ呼吸を休みなく三年間続けたからである。初心の方が、ヨガの呼吸を一か月、あるいは半年や一年間くらい続けても、このような体験を得ることは、まず難しいと思う。両親が健在の時は、出漁しないときに一日中ヨガの呼吸をしていた。精神が異常になり、顔に表情がなくなって、能面のような顔になり、道で会う人が私の顔を見て、怪訝《けげん》な顔をしていた。

正常な感覚が戻るまで三年間かかった。頼っていた三浦先生の本に手で触れた時であった。だからヨガの修行をするには、師匠が必要なのが原則である。五世紀ころのチベットの大聖ミラレパの伝記をお読みになれば、私の言うことが理解できると思う。

ヨガの呼吸を毎日休みなく三年間続けると、人間の神経は強化される。特に視神経が強化されて、太陽の瞑想が可能になる（『真理の太陽』の一六・「大聖ラーマクリシュナの話」参照）。

ある時は、統一状態を五時間以上続けていたときに、私の意識は上空の雲を通りぬけて、地球が丸く見える高さまで上昇していた。その時「お母さん、お父さんが変になった」という次男の声で、ふと、意識がもどり、これ以上、統一状態を続けるのは危険であると思い、肉体に意識を戻した。ヨガの修行をする方は、このような乱暴なことをしないように、リラックスした統一状態を体験する方がよいと望んでいる。

そして、無念無想の危険性について、三浦先生は、次のように述べている。「キリストは聖書の中で「家（心）を空っぽにして（無念無想で）出かけていると、盗人が入り込んで住む」と。

なお、広島市在住（前出雲市在住）の農業指導者（農林水産省の農林関係の国家公務員）寺元さんが一年に一回川尻町にやって来て、ヨガの行を学んでいった。あの大震災後一か月目に、私たちを心配して川尻町に訪ねてこられた。現在は、ネパールで農業指導していて三年目になる。

—— 編集者注：ここで、後日稲田氏から送られてきた書簡中の「ヨガの統一理解のため」の文章を挿入（ここのみは原文通り「です」調で）。——

ヨガの統一を理解する鍵の一つに、五万歳大聖人トスが『エメラルド・タブレット』に記録した「おのれの肉体から、おのれの意識をはなれさせよ」との聖言を体験することです。

私は『幸福への招待』（昭和二八年初版）を読んで以後約十年間（三浦先生逝去は昭和三五年）は東京の講習会に出席していました。それ以後の四〇年間は私なりに綜合ヨガを続けてきました。

静かで清浄な場所ならば、どこでもよいでしょう。私は朝のうちに神前・仏前にお水をあげ、お灯明をあげてお祈りし、気持ちが落ち着いてきたならば座ります。

座法は、日本式座法、安全座法、結跏座法の三つのうちから、安全座法を多く用いました。そしてヨガの呼吸を次のようにしました。

（一）　七つの呼吸＝一四回
（二）　プラナ・ヤマの呼吸＝二八回
（三）　マハ・ムドラの呼吸＝二八回
（四）　マニピュラ・チャクラのマントラム呼吸＝一四回
（ヨガの呼吸は、両鼻で二回吸うのを一回と数える。左鼻孔で吸って右鼻孔を閉じ、吐き、右より吸い、左より吐いてのワンセットを一回とする。これは宇宙エネルギーの調和のため。）

こうして心身が安定したならば、瞑想に入ります。

手足の組み方は、『幸福への招待』にある「三千歳ババジ」の組み方に倣います。眼は半眼にして、鼻頭・眉間に向けて意識を集中します。三〇分から一時間経つと頭の中に赤みを帯びた光が見えるようになり、やがてその光は、凝縮して青みを帯びた黄金の光の玉になり、ぐるぐると回転します。この時、両手は重くなり、ぐんと体が沈み込み、体は無感覚になると同時に、自分の意識が頭上の中空にあって四方八方を見ているようになります。この状態を何回も体験すると、視神経が強化され、太陽を直視して何時間瞑想しても網膜は何ともなりません。——

（五）『法華経』について

三浦先生は、法華経はシャンバラについて釈尊が説かれている唯一の経典であると説明している。『妙法蓮華経・従地涌出品』第十五品に、「仏、是を説きたまふ時、娑婆世界の三千大千の国土地、皆震裂して、其の中より無量千万億の菩薩摩訶薩あって同時に涌出せり」とある。これはシャンバラよりアディプトが出現したことであり、さらに、「是の菩薩衆の中に四導師あり、一を上行と名付け、二を無辺行と名付け、三を浄行と名付け、四を安立行と名付く。是れ四菩薩、其の衆中に於いて最も為《こ》れ上首唱導の師なり」と、三浦先生は、この上行菩薩をシャンバラにまします「サナート・クメラ」であると述べている。

また、『妙法蓮華経如来寿量品』第一六・「自我偈」に「・・・衆生劫盡きて、大火に焼かるると見る時も、我が此の土は安穏にして天人常に充満せり・・・我が浄土は毀れざるに・・・」と光り輝く状況を記しており、ここに出てくる「上行菩薩」とは、サナート・クメラのことである。『妙法蓮華経提婆達多品』第一二に釈尊の前世のことが書かれている。そして、「世尊かさねて此の義を宣《の》べんと欲して、偈《げ》を説いてのたまはく。我過去の劫《こう》をおもふに、大法を求るを為《もつ》てのゆえに世の国王となれりといへども五欲の楽を貪《むさぼら》ざりき」とある。「五欲の楽をむさぼらなかった」とあるのは、カルマ・ヨガのことである。法華経はヨガの経典であると、三浦先生は説かれている。明治四〇（一九〇七）年から大正の初期に、中央アジアを探検旅行したニコライ・レーリヒの書『アジアの心』には、シャンバラのことやＵＦＯの目撃記録が、すでに載っている。昭和三〇年代の英国人レオナルドのＵＦＯ目撃より古いものである。（なお、漢訳・法華経は、京都の平楽寺書店版『法華経』（昭和二九年）が定評がある。日本での現行の漢訳・妙法蓮華経は、約一六〇〇年前：Ａ・Ｄ四〇〇年頃、中国の姚秦《ようしん》第二代の姚興《ようこう》王の詔命に奉行して、三蔵法師の鳩摩羅什《くまらじゅう》が訳したもので、現代のサンスクリット学者がその訳を検討しても、手を加えるのは二、三に止どまると言われているほどの名訳である。）

三浦先生の『神の化身』（竜王文庫、第九編「神智学と法華経」）の、「法華経は救世主の出現を予言する ―― 法華経序品と第一六章 ――」（一三八頁）に、法蔵菩薩についてこう書かれている。

「仏陀が、王舎城、霊鷲山で、無量寿経の大講話をされた。聴衆はいたく感動する。その感動が、法蔵菩薩の四八願となって現れる。その根本義は、この世の中から、一人の貧民も、一つの争いも、いささかの獣的根情もなくなる至上我への渇望である。法蔵菩薩とは、われわれ自身の至上我をいう。・・・さて、無量寿経の御講話終って、仏陀は三昧に入る。法華経はここから始まる。見れば、仏陀の眉間から、白光が放射されて、東方を照らしている。・・・文殊菩薩はこの異象の意義を解釈していう。『今、釈師子を見たてまつる。後にまさに作仏せん。名づけてマイトレヤーという』（序品の偈）。これは、マイトレヤーが、仏となって、人類救済のため、地上に出現することを予言するもので、第一六章、「如来寿量品」と、連絡がある。・・・」

（稲田注：三浦先生は、無量寿経と無量義経を混同しているところがある。浄土教の三部経典（阿弥陀経、無量寿経、観無量寿経）の一つ『無量寿経』に、法蔵菩薩の四八願が説かれている。『神の化身』一三九頁の前の第一行目から七行目までを無量寿経の文、一三九頁の後ろの六行目から二行目までを無量義経の文として分けると意味が通る。開経・無量寿経の講話が終わってから、本経の法華経が始まるからである。『法華経』三部経典の、開始経・無量義経、本経・法華経、結経・仏説観普賢菩薩行法経。）

なお、『妙法蓮華経常不軽菩薩品』第二〇品にも、釈尊の前世のことが説かれている。すなわち、「而《しか》も此の比丘《びく》、専《もつぱ》らに経典《きようでん》を読誦《どくじゅ》せずして、但礼拝《ただらいはい》を行《ぎよう》ず。乃至《ないし》遠《とほ》く四衆を見ても、亦復《またまた》故《ことさら》に往《ゆ》いて礼拝讃嘆《らいはいさんたん》して、是《こ》の言《ことば》を作《な》さく『我敢《あえ》て汝等《なんだち》を軽《かろ》しめず、汝等當《なんだちまさ》に作仏《さぶつ》すべきが故《ゆえ》に』と。・・・

諸《もろもろ》の善根《ぜんごん》を種《う》え・・・亦《また》諸仏の法の中に於《おい》て是《こ》の経典《きようでん》を説いて、功徳成就《くどくじようじゅ》して當《まさ》に作仏《さぶつ》することを得たり。得大勢《とくだいせい》、意《こころ》に於《おい》て如何《いかん》、その時の常不軽菩薩《じようふきようぼさつ》は豈《あ》に異人《ことひと》ならんや、則《すなわ》ち我が身是《これ》れなり・・・」

この常不軽菩薩の礼拝の行は、カルマ・ヨガの真髄である。

宮澤賢治の「雨にも負けず」の詩にある「でくの坊と呼ばれたい」の「でくの坊」のモデルがこの「常不軽菩薩」である。三陸地方は浄土真宗・一向宗が盛んな地方であり、宮澤賢治は珍しく熱心な法華経の信仰者であった。妹を若くして亡くしたので、人生観が変わったのであろう。東北地方では、じゃんがら踊りがお盆の期間中、新盆の家で行われており、これは一遍上人の念仏踊りに由来している。法華経は、生命の永遠性を釈尊が説かれたもので、宮澤賢治は、子どもの頃好んで北上川の河原で石を拾ったと、友人たちが云う。おそらく丸い石であったであろう。丸い石は、川の流れの中で何百年・何千年とかかってそうなった。童話『銀河鉄道の旅』は、汽車が宇宙の果てへと一直線に飛んで行くが、戻ることはなかった。賢治はそこに、生命の永遠性を表現している。賢治は、花巻の農学校で化学肥料を研究した科学者で、農業技術指導者であった。彼は、法華経の思想に傾倒したが、科学者であったために、法華経の中で説かれている「生命の永遠性」を信ずることが出来ても、「生命の輪廻転生」は信ずることが出来なかったと思われる。

仏説『無量寿経』（四誓偈）の一つ「法蔵菩薩の四十八願」

我建《がごん》超世《ちょうせ》願　　我れ超世の願いを建つ
必至《ひっし》無上道　　必ず無上道に至らむ
斯願不満足　　斯の願い満足せずんば
誓《せい》不《ふ》成《じょう》正覚《しょうがく》　　誓って正覚を成《しょう》ぜじ

（六）ＵＦＯについて

私は、二〇歳代（昭和三〇年頃）から漁師をしており、海上で夜中などでも操業することから、一万メートル上空をジグザグ飛行する星のように光るものを時々見ていた。その頃は、ＵＦＯという言葉がなく、不思議な飛び方をするものがあるなあくらいに思っていた。昭和四〇年頃よりテレビが普及してから、ＵＦＯという言葉がテレビや新聞などに現われたので、二〇歳代に見た不思議な飛び方をしていたのがＵＦＯと呼ばれるものであろうと思うようになった。私は、四〇歳ころから朝の一時から五時近くまで、漁に出る前四時間近く、家内と共に新聞配達をしていて、五〇歳ころになると何回もＵＦＯを目撃するようになった。背後から注視されているような気がするので、後ろを振り向くと、上空四〇〇〇メートルから八〇〇〇メートル位に、星の輝きと違う、ゆらめくように光る物体を見たりした。目をそらすと一瞬のうちに向きを変えて飛び去るものと、いつまでも動かずに五～六時間とどまっているものなどがあった。

たとえば、平成五年頃の三月初旬に、いつものように川尻支所の県道の南にある成田山という海抜五〇メートルほどの小高い丘で新聞配達した時、何気なく西の空（仰角四〇度、高度約五〇〇〇メートル）を見ると、普通の星よりも明るく輝く星が上下に二つ光っていた。「おかしいな。この時刻は、あそこには木星一つだったのに、今日は星が一つ増えている。不思議だなあ」と思いながら、坂道を八〇メートルくらい登って新聞を配達したあと、三〇メートルくらい坂道を降りて気になるので星の方向に振り返ると、下の方の星がスーッと私を追うようにして日立市北部川尻支所の上空三〇〇メートルくらいの所で滞空したので、私は心の中で「私がいないと家族が困るから、今はあなた方の所へはいけないのです」と念想した。するとＵＦＯの中にいる存在がそのことを察知したのか、一瞬向きを北極星の方に向けて飛び去った。その間、飛行機音は聞こえなかった。なお、木星の高度は、約四天文単位（一天文単位は、地球と太陽の間の平均距離約一億五千万キロメートルのこと）であり、木星は地球の直径の約一〇倍の大きさなので、目測で、その明るさから高度四～五〇〇〇メートルくらいに感じられる。この時私は、ＵＦＯの搭乗員は、人の意識を察知することが出来ると思った。ヨガの修行によって私の意識が高められ、その振動の波長をＵＦＯの搭乗員がキャッチすることができたのであろう。前にＵＦＯと出会った時にこのことはうすうすわかったのではあるが。

またある時は、新聞配達を終わったので、終了時間を書くため、販売店へ五〇メートル位の所に来たとき、突然目の前（一〇〇メートルくらい前）で、人家の上五〇メートルの高さの所を南に飛行する葉巻型のＵＦＯに遭遇した。内部が明るく窓が見え、搭乗員が動いているのが見えた。速度は、自転車の普通の速さ位（時速一五メートル位）で、普通の飛行機なら失速するような速度であった。この葉巻型のＵＦＯは、田んぼの上空で一度、午後二時ころ見えたが、五〇〇メートルくらいの高度で、北の方角に飛行していった。音は聞こえなかった。

平成一六年頃のことであった。田の草取りを終えて家内と土手で休んでいた時のこと、何気なく北東の方を見ると、銀色をした葉巻型のＵＦＯがゆっくりと地上より一〇〇メートル位の所を飛行していた。私の所より一キロメートルくらい離れたところで、やはり飛行音は聞こえず、通常の飛行機ならば失速するくらいの速度であった。

話しは前後するが、私が昭和三〇年代に、餌にするエビを船で漁網で取っていた朝五時ころ、阿武隈山脈上をすれすれに七機のＵＦＯが音もなく飛んでいるのを目撃した。これは当時、各地で目撃されたことを後で知った。同じころ、夜の七時半頃、餌のエビを取っていたとき、海面上空一〇〇メートルの高さに約一時間滞空していたＵＦＯを目撃している。この時は、同じ港の約一二隻の船でも見ており、不思議な光りかたをしていたので、「気持ちが悪い」と各船が無線で話をしていた。この頃、夜間に海中よりＵＦＯが出現するのを目撃、昭和の年号が変わって平成になった時、日立市川尻町西笘に購入した家の庭に私と家内がいたとき、八月末の夕方五時半頃、五〇メートルほど離れた民家の上をすれすれに、音もなく飛んで行く七機のＵＦＯを見て、当時一七歳の次男があわてたように、「お父さん、ＵＦＯが飛んで行くよ」と、夢中で私と家内に駆け寄ったこともあった。私たちもちらっとこれを見てＵＦＯと直感した。

私は、昭和二五（一九五〇）年頃から漁船に乗ったのであるが、夜間の操業の時には、星のように丸く光った飛行体が、高い時は一万メートル、低い時は二〇〇～三〇〇メートルのところをジグザグに飛んだり、急角度で方向を変えながら飛ぶのを何回も見ている。ちなみに、日本の航空パイロットは、飛行中にＵＦＯを見ても、口外しないと言うことである。会社では多分、タブーになっているのであろう。昭和六〇年頃の読売新聞に、地球上で未確認飛行物体・ＵＦＯを初期に目撃したのは、一九四七年六月に米国人飛行士で実業家のケネス・アーノルドであったと報道されたが、私の経験では、船乗りや飛行機のパイロットは、それ以前に再三ＵＦＯを目撃していたと思われる。ただＵＦＯという言葉が使われないときのことであったのである。昭和五〇年から六〇年頃に、「木綿随筆」で有名な随筆家・森田たまさんが夏の夕方、いつものように散歩に出て目の前でＵＦＯに遭遇、恐怖の余り全身の力が抜け、立つことも困難になり、ブロック塀につかまりながら、やっとのことで帰宅したとの記事が載り、新聞紙上で話題になったこともあった。

かつて気象庁のある館長が、ＵＦＯはサンマの集魚灯を錯覚したものであるなどと述べたが、私たち漁夫には滑稽と思われる説であった。十月ころになると南下するサンマを追ってサンマ船が集まる。サンマ船はサンマを漁網に誘導するとそのあと、海面ではなく上空に向けて集魚灯を向けるのだが、上空一〇〇メートルから三〇〇メートルくらいに雲があると、丸い光の輪ができる。この館長は、四〇マイルから六〇マイルに点在して操業するサンマ船の集魚灯を見て、人々がＵＦＯであると錯覚したのであろうと結論づけたのであろう。しかしそれだけでＵＦＯなるものは説明できないと私は思った。星のように光る飛行体は、海上のみならず陸上でも空でも見られるからである。

昭和六〇年頃、日本の海洋調査船（気象観測・天文・航海関連海洋調査の専門家である乗組員数二〇五人が乗船）が太平洋上で一回、日本近海で一回、ＵＦＯに遭遇したことが『サイエンス』誌（朝日新聞社）と、『二〇世紀の謎・ＵＦＯ』（たま出版社）に掲載された。一回目は赤道近くで、船の上空を飛行するＵＦＯをレーダーが捉えている。長さは二〇〇フィートはあったという。二回目は、日本近海の太平洋上で、北西のスバル座の方向より、七機のＵＦＯが飛び去るのを乗組員全員が目撃している。われわれ素人と違い、彼らは六分儀で星を観測して、緯度・経度の位置を確認できるプロの観測家であるので、誤認などはしない。このことを信用あるサイエンス誌などに掲載されているのである。

古くは、ニコライ・レーリヒ『アジアの心』に、大正時代に中央アジアからトランス・ヒマラヤを探検した時に、ＵＦＯを目撃したことが記されている。この本によると、現地のチベット人は、ＵＦＯをシャンバラの印《しるし》だと言っている。彼らはＵＦＯがシャンバラに関係していると早くから認識していたと思われる。

今から約七六〇年前、日蓮上人に龍の口の法難があった。上人が鎌倉の由比ガ浜で時の幕府の役人に斬首の刑を執行されようとして、役人が構えていた時に、東方から光り輝くものが出現し、構えていた役人の刀が折れて刑の執行が中止になり、日蓮上人は流罪の刑に変えられたと歴史書は伝えている。この光り輝くものはＵＦＯであったと考えられる。法華信仰に徹した上人ならでのことと思われる。『妙法蓮華経方便品』第二の「欲令衆偈」に、「若し人、悪口、刀杖《とうじよう》をおよび瓦石《がしき》をくはへんと欲せば、すなわち変化《へんげ》の人をつかわして、法師の為に衛護《えいご》をなさん」とあり、また、『妙法蓮華経観世菩薩普門品』第二五「普門品偈」に曰く、「或いは王難の苦に遭いて、刑せらるるに臨んで、寿《いのち》終わらんと欲せんに彼の観音の力を念ぜば、刀《つるぎ》壽《つい》で段々に折《おれ》なん」とある。

（注：三浦関造は、空飛ぶ円盤と宇宙人につて肯定的に述べている。空飛ぶ円盤については、『至上我の光』第八号（昭和二九年一〇月発行）に、一九五二（昭和二七）年一一月二〇日に米国人アダムスキーが金星からの空飛ぶ円盤（ＵＦＯ）搭乗者と直接コンタクトした件で、人類は六五〇万年前に金星から来訪した大超人サナート・クメラらによって進化を促されてきたという神智学の教えに従って、この遭遇事件を肯定的にとらえている。また、三浦は、『至上我の光』第四二号（昭和三〇年一〇月発行）で、「私は空飛ぶ円盤にはまだ縁がないが、光り輝いて眼前に現れた宇宙人には幾度か遇った。老いて益々若い力がこもるのは、宇宙人と私が銀の紐でつながれているからである。私の無上の栄養は宇宙人の精神波動である」と述べ、多くの星に宇宙人が住むこと、北斗七星には偉大な宇宙人

が住むこと、プレアディス星・アンタレスには、清浄無垢な宇宙人が存在するなどの神智学系からの情報を記している。）

（七）予知について

私は三二歳で結婚して四人の子どもを授かった。

東日本大震災の起こる一ヶ月前頃から不安を感じていた。あの大震災一〇日前になると、不安感はますます強くなり、家内に「おかあさん、透析をするようになってから、俺も心が弱くなったようだ。なんだかこのころは一人取り残されようで不安になる」と話しかけたりしていたが、大震災の四日前、何事があってもとにかく家族同士が密に連絡できるようにと、前もって互いに携帯電話の番号を記し合ったりした。

東日本大震災の三月一一日のあの日、私は隣町（十王町）の「ひがしクリニック」の病室の一番東側のベッドで、頭を東にして人工透析を受けていた。二時四六分頃、「うなり」をともなう「地鳴り」を感じた。それが病室の左側の窓際で止まったとき、震度六〜七の地震になった。病室は若い看護師の悲鳴でいっぱいになり、人工透析器は停電のために止まり、私を診ていた中年の女性看護師に、「手動」で透析器の針を抜いてもらった。そして、すぐに軽トラックを運転して自宅に急いだ。

今回の震災では、幼い子どもの方が不安を感じ、行動を先に起こしたと言う。かつて姉が亡くなった時にも前もって私はある種の不安を感じた。「不安」は一種の予感でもあり大切なものである。チェルノブイリ原発事故の際にも、技術者が前もって不安を感じていたという。かつて一六歳の次男が夜間にバイク事故に遭遇する前にも、私は不安を感じた。ヨガを修行しているとそういう能力が身につくものである。

不安は五感の迷いより来るものである。しかし生命力の震動（波動）が自然力の震動（波動）と共鳴して「不安」として感じることがある。それは一つの「予知」と思うようになった。人は、日常の生活の中で、何とも表現できない不安を感じることがある。昔の人は、このような不安を「虫の知らせ」と言っていた。このような不安が形・現象となる時がある。突然の災害、近親者の死などで、あの不安はこれから起こる前の一種の予知であったと感じることを、多くの人が経験しているはずである。しかしこれらの事象を深く考えずに、あのような不安は、誰にもある一時の「気の迷い」として忘れてしまい、あのような不安感を「なぜなのか」と深く考えない。現在の人々は、昔と違い、発達している科学の力を信じ、自然から出る力を信じなくなっている。重機類の建設器具によって、たやすく自然を変えることが出来るようになった。航空機によって空中を鳥よりも早く飛べるようになった。このようにして、人々は自ずと自然を見下すようになった。一〇〇〇年に一度のマグニチュード八・〇の東日本大震災という異変を、自然をよく見ていないために、その前に捕えることが出来なかった。昔の人は自然界をよく見ていたので、自然界に起こる小さな異変を見逃すことはなかった。大地震が起こる十日前に「へび」が一匹も見えなくなったというようなことが昔から伝えられている。あるいは、「キジ」が三日前に普通と違う鳴き方をする、などがある。そして昔の人は、死者が虫（蝶や蛍）となって、この世に帰ってくるときがあると信じていた。特に蛍には、そのことを強く感じていたようである。夕方の空に飛び交う無数の蛍の青白い光を、亡くなった者の魂の光であると思い、昔の人はこの蛍を決して殺すことはなかった。田んぼや小川、河原、野原は、これらの虫たちの生まれ故郷であった。農業のために人は、農薬を使用し、これらの虫の命を断った。このような田んぼでできた米を食べている現代人は、いつの間にか殺伐とした気持ちになった。だから、若い人ほど人を殺すことが多くなったのではないかと、私は考えている。福岡正信著『自然に還る』（増補新装版）春秋社、を参照されたい。

（八）ヨガ呼吸法の実習について

私の実習した呼吸法は、七つの呼吸（リズム呼吸、プラナヤーマの呼吸、マハ・ムドラーの呼吸、マニピューラの呼吸をセットにした呼吸法）で、三年くらいは続けるとよい。それは、三浦関造『大直観力』にある、舌を巻きあげて、舌先をうわ顎の奥につけ、口から息を吸って息を止め、両鼻からしづかに息を出す「シタリ呼吸」、両鼻から低くすすり泣きのような音を出しながら何回か息を吸い込み、胸郭をいっぱいに拡げ、次に口から空気を胃袋に飲み下し、下腹をふくらまし、顎で以って喉下の窪みの処を抑えつけ、へそに一心を注ぐ「ウジジャイ呼吸」、または、結跏趺坐で坐り、しづかに両鼻から息を吸い込み、急に腰から前かがみになると共に、胸と喉から音を出して鼻から息を出す「バストリカクンバーカ呼吸」などの組み合わせと思われる呼吸を教わって実習した。

三浦先生は、「この世はいけにえを為さざる者の住む世界に非《あら》ず」とのバガヴァードのみ教えにより、「吸う息を出す息にいけにえとして捧げ、出す息を吸う息のいけにえとして捧げよ」と説かれた。このゆえに私は、ヨガの呼吸は技術ではなく、ヨガの行と捉えている。また、三浦先生は、「出す息を外なる大救世主＝大御親神様へ、吸う息は内なる大救世主にいけにえとしてお供えせよ」と説かれている。

それゆえ私は、ヨガは「呼吸・行為」すべて行であると観念して行じている。「呼吸をいけにえと為す」ことは、人間が生きている＝生きてゆくこと、即ち生命そのものが行であると私は思う。何もヨガ呼吸・行為（瞑想を含めて）だけではなく、人間は日常生活・活動でもヨガを行じていることになる。なお、七つのリズム呼吸とプラナヤーマ呼吸にかぎって、無呼吸の状態を、一回の呼吸ごとにするとリラックスした気持ちになり、この二つのヨガ呼吸の次の段階である瞑想のときに、雑念が湧かなくなり、意識を瞑想に集中することが出来るようになる。

この意味で、三浦先生が「大聖トスのエメラルド・タブレット、ヴァガヴァド・ギータ、大聖パタンジャリーのヨガ経典、釈尊の法華経、イエスキリストの新約聖書」の五つの聖典を綜合ヨガの経典と説かれたのは、真実である。

私は、二〇歳より三浦先生に教えられた「太陽の呼吸」によって、プラナヤーマ、マハ・ムドラー、七つのリズム呼吸、太陽叢マントラムの呼吸、などのヨガ呼吸を一日も休まずに三年間続けたので、視神経が強化され、太陽を直視して長時間（三時間あるいは七時間）瞑想しても、目に影響が出なくなり、また、電気溶接の火やガス溶接の火なども直視することが出来るようになった。

初心者がヨガの呼吸だけして、太陽を裸眼で直視する瞑想を行うと、視神経が強化されていないので、網膜を焼かれる恐れがある。

まず、プラナヤーマ、マハ・ムドラーの呼吸を朝夕一時間位、三か月ほど毎日することである。プラナヤーマの呼吸では、人体の下の中心より順次頭の中心まで意識を上げながら行う。それから、頭の中心より順次意識を下げながらプラナヤーマの呼吸を行う。これで大体三〇分位かかる。マハ・ムドラーの呼吸は、六回～十回ほどすればよいであろう。また、マニピューラのチャクラのマントラム呼吸を、十回から二十回するとよい。

海岸近くの方であれば、太陽が水平線にのぼる日差しの弱い時に約七分間くらい太陽を直視して目を慣らすとよい。海岸近くでない方は、夕方近く、山に太陽が入る日差しの弱い時に太陽を直視して目を慣らすとよい。本来ならば、プラナヤーマ及びマハ・ムドラーの呼吸は三年間、毎日実行すれば視神経が強化される。

（九）瞑想のしかたについて

リズム呼吸（七つの呼吸）かプラナヤーマの呼吸とマハ・ムドラーの呼吸、マニピューラのマントラム呼吸が済んだならば、普通の呼吸にもどし、四回ほど少し深く（少し長く、大目に）呼吸して、気持ちを落ち着け、意識をムラダーラ・チャクラ（尾骶骨の中心）より、アナハタ・チャクラ（上胸の中心）に上げ、ここで、また、普通の呼吸を四回ほど、やや深く長くする。もし、アナハタ・チャクラを瞑想するなら、オウムを心唱しながら瞑想すれば、そのまま統一状態に入れる。アジナ・チャクラ（眉間の中心）を瞑想するならば、同様に呼吸して瞑想する。もしサハスララ・チャクラ（頭頂の中心）を瞑想するならば、前と同様に呼吸をして、瞑想する。

部屋の中が片付いていて、落ち着けるところならば、視線を鼻頭か眉間に向ける。アナハタ・チャクラならば、視線を鼻頭に、アジナ・チャクラならば、意識を頭の中に置く。統一状態になると、組んでいる手がだるく、重くなり、体を忘れるようになる。こうなると、頭の内部に青みを帯びた黄金色の光が見えてくる。

ここで、呼吸法を含む瞑想の在り方について、注意すべき点を挙げておきたい。

私が五〇歳代の頃、竜王会の日立集会に新潟県から三〇歳代の二人の青年が出席したことがある。集会終了後にこの二人が「この頃、なぜか眉間が痛むのです」と訴えてきた。そこで、事情を聴くと、「私たち二人は、神道の行者について滝行などの行をしており、ヨガの行もしているのです」との返事であった。おおよその見当がついたところで、私はその青年たちに、「ヨガの呼吸をするとき、眉間の中心（アジナ・チャクラ）を強く念想しながら、力を入れていたでしょう」と言うと、二人とも「そうでした」とのことであった。私は「それでは、ヨガの呼吸をするときは、リラックスして、力をこめず行い、眉間に集まった意識を順に、下のムラダーラ・チャクラに下げるようにすると、眉間の痛みは止まるはずです。ヨガの呼吸をして神通力を得ようとして、特定のチャクラにだけ意識を集中するすると、このような結果になるので、人体内のチャクラが均衡して調和がとれるように行ずるようにするのが一番安全なやり方です」と述べた。

『ギータ』に、「均衡は統覚なり」とある通りである。初心の人は、霊能力を得ようとヨガの呼吸をして、クンダリニーを覚醒させようと力み過ぎて、取り返しのつかないことになることがある。浅原彰晃氏の例があるので、注意が肝心である。意識を頭部の中心だけに集中して呼吸していると、初心者は逆上するので、ヨガの呼吸を終える時は、下のムラダーラの中心に戻すことが肝要である。

（一〇）オームの称え方・声の出し方について

三浦先生から伝えられたマントラム・オームの唱え方をお伝えしたい。神前・仏前にてマントラム＝オームを唱える時は、左右の手を合わせ、顔の真ん前に置き、合わせた手の指先を目の高さにする。三浦先生より伝えられた左右の手の合わせ方は、左手の親指の先と人差し指の先を合わせて輪を作り、右手の人差し指を上から輪に入れ、親指は下より、その輪に入れて、人差し指と親指の先を接する。左右の三本の指を合わせて、手を合わせた形にして、オームを唱える。

オームの声の出し方では、口をうすく開《あ》け、両方のほほに少し力を入れて左右に口を引くようにして、開けた上下の歯の中間に下を水平にしておく。この構えが出来たら、アとオの中間の音声を出して、「アオウムン」というように発音して、舌の上でオームの音を転がすようにする。ちょうどお寺の鐘のように「グアン」というような音を出す。

また、口の中で「アオウムン」というように発音して口の中いっぱいに振動・共鳴させるようにする。

三浦先生の著書『マニ光明ヨガ』の「一五　自我発見とマントラム」の章（四〇～四三頁）に、こうある。「この大マントラムを繰り返し繰り返し唱えよ。五〇遍、百遍唱えて、徐々《おもむろ》に呼吸しながら、心にオウムを正しいリズムでくりかえせ」。「眼を閉じ、左右の拇指《おやゆび》で耳をふさぎ、左右の人差し指で両眼の内側、小鼻に接するところ（左右の人差し指で小鼻を外側から押さえるようにして）を押さえ、右鼻孔から鼻を吸って（この時、右人差し指で押さええている指をゆるめる）鼻（で息を吸うのを）を止め、鼻（から息を）を出すのは左鼻孔からする（この時、右人差し指で右鼻孔を押さえる）。次に、左鼻孔から息を吸って、息を止め、右鼻孔から（息を）出す。鼻孔は紅指でふさぎ、呼吸するとき、一方を開け、出すとき反対の鼻孔を開け、息を止めておくときは紅指で、両鼻孔をふさぎ、吸った息を出す間もオウムを唱えるのである。真言をとなえなくては、救世主即ちマニ光明は輝き出で給わず」。

三浦関造著『大直感力』（一八二頁）の「呼吸と特別聖語」にこうある。「これはヨガ修行の一秘密である。この聖語は印度には伝わっていない。ヒマラヤの大聖によって伝えられたもので、謹んで唱えないと効果が上がらないで弊害を招く。左表に示す脈拍数は、上が吸う息、中が溜《た》める息の時間の長さ、下が出す息の長さ。呼吸は吸って溜めておく間に、頭脳の中心が発達し、息を出す時、生理的に好調になっていく。（ドウリル師秘伝）

（呼吸の脈拍数）	（マントラム）	（七つの中心）
上・中・下		
八・四・八	オウム	頭脳の視丘
一二・一六・一二	アセラム	脳下垂体《パラチロイド》（眉間）
一二・一二・一二	プールッシュ	副甲状腺

一六・八・一二	アムリータ	胸腺《チマス》
一二・八・一二	ラマ	膵臓《マニピュラ》
八・四・八	サット	アドレナリン副腎
八・四・八	タット	脊柱の下

（注：稲田年男氏は、この書の出版前の平成二八年三月一五日に、八一歳でご逝去なされた。

ご冥福を心よりお祈り申し上げます。）

第五章　詩人としての三浦関造

三浦は昭和二八（一九五三）年に、綜合ヨガの団体「竜王会」を設立して以来五年後に、綜合ヨガの書『大直観力』（昭和三三年）を著した。その中の第一話で彼の霊的目覚めの軌跡を描いている。一三歳の晩秋、庭の楓の木が金の落ち葉を振るい落としている中にたたずんで瞑想していると、三浦は「汝は生長して何ものになるのか？」という内心の声を聴いた。彼は、様々な未来の幻を描いて見てはぶち消し、ついに「どんな貧乏になってもよいから詩人のような聖者になる！」と決心した。この決心に伴って、神聖なものに愛されているというインスピレーションが背骨に振動して、胸裏に聖火が燃え上がった（七頁）。この「詩人のような聖者になる」という強い思いは彼の人生を貫き、そのビジョンにしたがって彼の人生が展開した。しかし彼は生活のこともあり、最初から詩人として活動したわけではなかったが、教育者として、翻訳家として、神智学徒の講演者として、あるいは綜合ヨガの創設者として活動する中で、詩人的魂の振動が各場面で躍動した。さまざまな書の中に詩が織り込まれると同時に、文章自体が詩人的感性のほとばしりであった。そして、時折、深い響きを持つ詩を奏でるごとく挿入した。

三浦の詩集は二冊あり、大正期の若い時代に編まれた『祈れる魂』（隆文館、大正一〇年）と、戦後の、一六歳から四〇歳までの作を集めた『心の大空』（竜王文庫、昭和五〇年（初版昭和二九年））であった。前者は、その序文に三浦が、今後、翻訳など生活の手段としての仕事を断固やめて、自己の天分に生きようと、「新生活へ踏み出す角笛《つのぶえ》の響き」としてあえて発行した、三浦にとって記念碑的な作であった。この中からまず、この詩集のタイトルとなった詩「祈れる魂」を載せることから始まり、『心の大空』からも、子供時代の体験を記した「呼ぶ声」などを紹介する。すぐれた詩ではあっても、長文のものは紙幅の関係で再録出来ないのが残念である。

詩に入る前にまず、三浦の詩人的素養について、彼と交流のあった詩人江部鴨村の『祈れる魂』巻頭の「詩人三浦関造氏」を紹介しよう。（最小限、現代かなと現代漢字に直した。以下の詩文も同じ。）


「翻訳家としての三浦関造氏、教育学者としての三浦関造氏の名は、つとに世に名高いものであるが、詩人としての三浦関造氏の名は、いまだ多く世に知られていない。しかしながら私の目にうつる氏は、翻訳家としてよりも教育学者としてよりも、より多く詩人としての三浦関造氏である。

翻訳家、教育学者としての氏は、東西の宗教、哲学、文芸に精通しておられる。詩人として氏は、原人のごとく無知であり、幼児のごとく単純であり、野蛮人のごとく自由である。

私の知っている範囲で、氏のごとく多くのことを学んでしかも無知であり、単純であり、自由でありうる人を見ない。いいかえれば後天的知識のために、人としての先天性を枉《ま》げられず、歪められず、傷《いた》められない人を見ない。それを私はつねづね一種の解きがたい奇蹟であるとさえ思っている。

氏はかつて私に言われたことがある。「僕は無一文のときと、演壇に立つときに、いつも英雄になる」と。

時として英雄になりうる氏は、また時として神となりうる人間だ。

そうだ、氏は神になって歌う」。

最初に、三浦の再生を期した「祈れる魂」を再録する。

「祈れる魂」

喜びを求めて悲しみが来たり、
富を求めて貧しさがやってくる。
神よ吾は祈る！
凡てを失って祈る。
吾が持つものは重荷と軛《くびき》ばっかり。
吾は知る汝の道は涙と悲しみである事を。
汝の露台は闇の底に在る。

闇の底ででんぐり返って起き上がれ、
ひっくり返って起き上がれ、
天にのぼる竜巻は闇の底に在る！
吾が魂よ人間の奇蹟を信じろ！
奇蹟のない人間は神の足台に立っていない。

でんぐり返っておき上がれ、
吾は知る神に至る大きな道を、
でんぐり返るその勇気と驚き、
またその決断と解脱の力・・・
ただそれだけが魂を救う神の道。

ああ神よ吾は汝に祈る！
大いなるショックを求めて祈る！
今度こそ起き上ったら汝と共に在るように、
でんぐり返しをうって汝に求める。
卑しきなかからぬけきって、
汝の意志に生きるようにと！

続いて、『祈れる魂』からの一編を再録する。

「新しい地上」

地は今新しい息をついている。
すくすくと木立はぬき出で、
葉っぱは葉っぱの緑の旋律・・・
あらゆるものが新しい言葉を語り、
さわやかに高く喜びの波動！

地の上を歩む一歩一歩は、
神聖な絃線《げんせん》にふれた、
拡がり拡がる鳩の羽ばたき！

人間の顔には光がある。
今人々みんな苦しきを忘れているよう！
若い者たちの美しさ、
凡ては平和の中に光を孕《はら》んでいる。

私は手をのべた・・・
大空に真っ白な吾が腕・・・
その力、その喜び、その肉づき！
私は声を上げた・・・
銀のように光る吾が声・・・
その光、その音楽、その神秘！

ただもう幸福だけが胸にしみ込む今、
大地は神聖な呼吸をして、
この身は永遠の上を歩いている。

次に掲げる詩は、幼児の頃から見えざるものを慕うことが天性の傾向であり、幼児のその思い出を四〇年前に雑誌『キング』に投稿したものであるという（三浦関造『大直観力』二頁）。

「呼ぶ声」 ―こどもの日の思い出―

　ぼくが小さい時でした
お庭の桃に花が咲き
森のこずえに鳥がなき
日がぽかぽかな春でした
誰か知らない善《よ》い人が
私の名をばよびました
お家をとんで庭にいで
庭をおどって森にゆき

　森からぬけて野にいって
うしろを見ても前見ても
影も形もなけれども
私の好きな善い人が
ゆかしい声で呼びました

　ぼくが小さい時でした
泉のようにさらさらと
庭の小笹《おざさ》をおどらせて
風のすずしい夏でした

誰か知らないよい人が
私の名をば呼びました
昼もおぐらく神さびて
しんしんとした木の幹に
赤い夕日が燃えついて
何ともいえぬ厳《おごそ》かな
その奥深いところから
影も姿もなけれども
私のすきなよい人が
しづかな声でよびました

ぼくが小さい時でした
銀杏《ぎんなん》の葉がヒーラヒラ
風もないのに散りおちて
どこまで見ても限りない
空なづかしい秋でした
誰か知らないよいひとが
私の名をば呼びました
人なき原のまん中の
小路を一人たどり来て
じっと心を大空の

そのあわれさによせた時
影も姿も見えねども
私のすきなよい人が
け高い声で呼びました

ぼくが小さい時でした
もりの木の葉がちりはてて
椋《むく》の古木に実がうれて
小鳥がピーピーたべに来て
どん栗の実がトンコロリ
落ちてわびしい冬でした
誰か知らないよい人が
私の名をば呼びました
さびしい庭にただ一人
落ち葉をふんで佇《たたず》むと
ザーザーと吹く木枯《こが》らしの
風のひびきを遠くこえ
影も姿もなけれども
私の好きなよい人が
尊い声で呼びました。

賤《まず》しくとても
いささ小川の往きかいに
われただ一人野に立ちて
水のひびきに聞き入れば
天の小琴《おごと》のひびき来て
世のたのもしき思いあり

われ只一人家にいて
ものを思はでひたぶるに
貧しきわざにいそしめば
尊きけはい門《かど》にして
寂しき身をば忘れたり

われ何故に貧しくて
愚かなる身に生まれしか
思えば果たししらねども
老いたる母とほほえめば
夕べの膳《ぜん》のありがたし

人の世見れば何故か
もの悲しくてはかなくて
そぞろ涙の流るらん

されど貧しき人の子に
神は在りとぞわれ聞きぬ

あしたは早くおきいでて
日ねもす野べに働きつ
夜はおそくまで文《ふみ》を読む
わがこの心高鳴りて
泣けばみ神の声のする
・・・一六歳の日の作・・・

「瞑想の一夜」（『心の大空』より）

一夜伏屋《ふせや》に瞑想す
呼吸はやわらぎぬ
心臓は鎮静す
四辺は声なく死のごとし
眉間に視力を集注して
一身に大師をみらんとす

忽然《こつぜん》として爛《らん》たる光あらわれ
光は廻転してパッと拡がり

闇室は天井の光に漲《みなぎ》る
これわが神光霊昭の本体なり
光の中に老聖あらわる
つづいて老聖の右に玲瓏《れいろう》たる
一人の聖女あらわれる

　沈黙の荘厳に息をたち
老聖と聖女とを凝視す
二人は瞬《まばた》きもせず
しづかに一方を凝視せり
流れいづる智慧と威権
そのままなる老聖
永遠無限に一切を見通す神眼
そのままなる女聖の清浄さ
漲る光明に伏屋《ふせや》は消え失せ
光明世界に吾等は一《ひと》つなり

　現《うつつ》か幻《まぼろし》か
二聖の姿は颯《さっ》と消え失せ
闇に一人わが身を見る
僅か三分間の異象なりしが

十万年のわが進歩を促《うなが》し
その智慧・力・神眼は
わが内部にしみ入りて
永久に我をば導く

最後に、竜王会の『綜合ヨガ集会の栞《しおり》』にも集録されている二編を、『心の大空』より紐解《ひもと》きたい。

「絶対の祈り」

万有を貫いて至らぬ隈なく実在し給う者よ
万有をみふところにはぐくみ給うものよ
永遠なる時の流れを現在の瞬間に
無限の大空間をこの一座に縮め給う者よ

われ等は汝の中に生き
汝の中に働き
汝の中に呼吸し
汝の中に黙想せり

汝は清浄なるみ心の力をもて
底なき大空を底として立ち

底を天上となし
天上をわれ等の内に隠し給う

おお偉大荘厳なるかな
神秘不可思議なるかな
汝は永遠無限なる御自らを
極微なる大我原子となして
われ等の内にひそみ給う

われ等はここにもろ共
浄心に明徹し
金剛の願力をこめて祈る
願わくばわが胸裡《きょうり》の一微塵を通して
煌々とさえ輝きいで
至上我の大自覚に
われ等を到達せしめ給はんことを

「**大救世主**」

清くすみわたる大霊の光に
御意識をかがやかして
智慧と慈愛の御振動にて

われ等を導き給う大救世主よ
　正義おとろえて不義栄ゆるの時
悪を亡ぼし善を助けんがため
しばしば地上に帰り給いし大救世主よ

　今また渾沌たる闇の世に
至尊清浄の御神力あらたに
帰り給いてわれ等を照らし
鉄鎖の束縛
熔炉《ようろ》の苦痛より
われ等を救い給う大救世主よ

　われ等はみ教えに学び
みこころに一心を安定し
一切に行いを大前に捧げ
しづかにゆるぎなく
大霊の大法則に合し
一切の苦難を踏破せん

　われ等は我欲を制して
自ら足るを知り

何ごとにも悲しまず
怒らず恨まず恐れず
何ものにも悪意をもたず
懇切に慈悲深く
常に太陽のごとく光を分与し
苦楽いずれに処するも坦々として
心調和し我執なく
正しき決意堅固に
勇猛精進して
汝より離れさることあらず

　汝が大神の中にましまし
大神また汝の中にましますが如く
我等もろ共汝の中に在れば
願わくば大救世主よ
汝も亦われ等の中に燃え輝き
至上志尊の大智慧力を
不滅なる大統一力《りき》を
万能の大神眼力《りき》を
時空超越の大自在力を揮《ふる》わせ給わんことを

第六章　教育者・教育学者としての三浦修吾と三浦関造

この章については、編著者が以前に著した『ユネスコ創設の源流を訪ねて ―― 新教育連盟と神智学協会 ――』（学苑社、二〇〇八年）の「三浦修吾・三浦関造と新教育運動」から、教育関連の要点部分を抽出して示したい。

大正時代（一九一二～一九二五）に興隆した新教育運動において、オピニオンリーダー的存在として三浦修吾（一八七六～一九二〇）・関造（一八八三～一九六〇）兄弟が活躍した。当時この二人は教育界で著名であったにもかかわらず、今では知る人も少ない。そこで、この二人の兄弟は当時の新教育運動でどのような役割を果たしたのであろうか、また、その教育思想はどのようなものであったかについて考察する。

故郷と時代背景

三浦修吾と関造の生まれ故郷、吉井町は、福岡県南部で筑後川中流域の旧豊後街道（現国道二一〇号）の宿場町として発展し、農産物豊かな（富有柿で有名）筑後平野に囲まれ、温泉にも恵まれ、久留米市に近く、昔から文化の流入も盛んであった。修吾・関造兄弟は、当時の文化の恩恵を受けつつも、川あり、畑や水田あり、山あり、丘ありの自然豊かな環境に育った。

関造の青年時代の「神ともにいます」という詩（詩集『心の大空』四六頁）に次のような自然の描写がある。

春あわくとも音づれて　わが屋をめぐる林には　光のどけき歌の舞ひ
古びし窓の障子には　愛のほほゑむけはひあり
かかるけはひの片時に　われ生計の苦を忘れ
悲しきまでに天地《あめつち》を　こめし光にとけ入りて　われ恋ひ給ふ神を知る
熱気の矢をば射放ちし　夏よいましはいかにせし　秋はしずかに音づれぬ
涙のごとく時雨《しぐれ》して　ひそかにわれを訪ね来し
空しづかなる秋の日よ　涙流して種子《たね》蒔きし　報ひの刈入《かりいれ》告ぐる秋
みのり豊けき野に立ちて　われ静かなる秋の日の
心をこめて眺むれば　気宇《きう》いや高く渺遠《びょうえん》の　秘密を語る神を知る

春夏秋冬、季節変化の織りなす山村風景を背景に、神聖なものへの感受性を詩《うた》ったものである。三浦兄弟の詩情豊かな文筆の才は、この変化に富んだ美しい自然環境で育ったことと決して無縁ではなかったであろう。

ところで、三浦修吾（明治八年 ― 大正九年）と関造（明治一六年 ― 昭和三五年）という時代、特に二人に共通する明治から大正に至る時代は、日本の近代国家形成期に当たり、日本は西洋文明を急速に吸収しつつ、西洋諸国に伍す独立国・日本を造ることを目標にした時代、いわば国家の「青年期」とも言うべき時代であった。大正時代は、西洋文明の吸収とそれとの葛藤の中から、日本固有な文明と西洋文明が融合した、独特な文化が本流のように噴出した時代である。この流れは、出口王仁三郎の「大本教」綱島梁川の「見神」にはじまり、鈴木大拙の「日本的霊性」、西田幾多郎の「自覚の哲学」、西田天香の「一燈園」、賀川豊彦の「社会運動的キリスト教」、夏目漱石の「相対主義」、武者小路実篤の「新しき村」、柳宗悦の「民芸運動」、宮沢賢治の文芸活動、そして鈴木三重吉の「赤い鳥」などとして顕れ、「大正生命主義」（鈴木貞美『大正生命主義』）的覚醒運動となった。

この中にあって、三浦修吾・関造兄弟は、さまざまな人道主義的な文学作品を日本に翻訳・紹介すると共に、各種大正時代の文芸運動及び新教育思想と連動しつつ、教育界において「大正新教育運動」のオピニオンリーダーとして活動したのである。この点を検証するために、二人の人物像を示しつつ、まず、大正期を中心とした新教育推進者、特に新教育連盟関連者たちとの密接な人的関係の描写から始める。次に、二人の教育界における業績を吟味する。

一　日本における新教育推進者たちと三浦兄弟

A　三浦修吾

三浦修吾は明治八（一八七五）年、福岡県浮羽郡千年村（現吉井町）若宮に役場吏員・三浦義任の長男として生まれた。彼は幼少の頃から病身で、「私の幼時の思い出は、内気と気ままと咽喉カタルと胃腸の煩いとのみで、充たされていると言ってもよい」（三浦修吾『学校教師論』一九頁）状態であったが、成績はすぐれ、久留米藩の藩校（黌）に由来する名門の久留米市中学名善校（『明善校沿革史』一頁）に学び、成績優秀のために明治二八（一八九五）年に福岡師範学校に入学した。師範学校制度が文部大臣・森有礼の「師範学校令」（明治一九年）制定されて以来約一〇年後のことである。

中学校に入り、師範学校に学ぶようになってから彼の行動は一変して、「諸種の運動遊戯に、大いなる興味を持つようになった。それは学友の感化でもあったが、主として私のその頃愛読していた、

『少年団』（註1）という雑誌の感化であった。この雑誌が私の運命を支配したのであった。今日の私の生活の内容は、全くこの雑誌によって、そのはじめを作られたのである。・・・私が運動好きになったというのは、この雑誌によって感化されたところが、一番多かった。私はとうとう運動家になった。登山、遠足、撃剣、弓術、短艇等の第一選手にまでなったのである」（三浦修吾『学校教師論』一九〜二〇頁）。

ただ、『少年団』には、運動の意義については説かれていたが、労働の意義については何も触れられていなかった。「気ままに育った私は、小さいときから労働をしなかったばかりでなく、自分の事を自分ですることとさえしなかった。家が貧しく、母は毎日田畑に出て、根《こん》限り働いているのに、私は家に引きこもって物を書いたり、本を開いて見ることばかりして、一度だって満足に母の手助けをすることはなかった。・・・私が労役の尊重すべきことを知ったのは、東京に学生となって、トルストイなどのものを読むようになってからであった。薩摩にいた頃は、生徒にもその事について教え、自分が人の目を見張った位、家庭生活に必要な労役は、どんな事でも、自分の手を下してやった」（三浦修吾『学校教師論』八二〜三頁）と述べている。

しかし彼は、内臓に欠陥があり、学生として充分な勉強が出来なかったし、運動に熱中したのは人に勝ちたい、負けたくない、という虚栄心からであって、猛烈で、急激に行った運動は、かえって自分の健康を害し、精神に腐食を与えたと告白している（同上、二〇頁）。

運動に熱中する一方で、修吾は文芸活動を続けている。弟の関造は兄の師範学校時代を回顧してこう述べている。「兄はその頃、東京の最も高級な文学雑誌『文庫』（註2）において、当時の青年作家中もっとも異彩ある天才として認められておりました。私はその頃、兄の魅力ある荘重な文章を愛読しておりました。今思ってみれば、なぜ兄は教育家になって、創作家にならなかったと怪しむ位です。後年上京して、文庫の山縣悌三郎（註3）さんに会いますと、山縣さんは「兄さんは偉かったな。あんな青年はなかったぞ。今は立派な方になっているということで喜んでいます」と言われたことでした」（三浦関造「追悼録：弟の見る三浦修吾伝」）。

a　野口援太郎と三浦修吾

修吾は福岡師範学校で、約一年間、同郷（福岡県鞍手郡木屋瀬）の野口援太郎に教育学を学ぶ。両者の年齢差は約八歳。明治一九年に野口は同じ福岡師範学校に入学しており、三浦は野口を恩師とすると同時に、その後輩に当たる。野口は郷里直方《のうがた》の小学校に務めた後、（東京）高等師範学校を卒業し、明治三〇年一月から三一年三月末まで福岡師範学校に勤めた（『野口先生健碑会』一一頁）。三浦は福岡師範学校卒業後、野口の推薦もあり、野口と同じコースをたどり、明治三二年に、全国の師範学校の頂点である東京高等師範学校（英語科）に入学し三六年に卒業した。「兄が福岡師範を出ましたのは、たしか二三歳だったと思います。非凡な性格と天分を有する青年だということで、村夫子に埋もれるのは惜しいというのが先輩先生たちのお考えで、兄は遂に東京師範に入学し、野口援太郎先生が、経済上の面倒を見てくださったそうです」と、弟の関造が回顧している（三浦関造「追悼録：弟の見る三浦修吾伝」二一一頁）。

三浦が高等師範学校入学の翌年、父が五九歳で亡くなったことも、野口の三浦への経済援助の理由ではあったろうけれど、元来三浦家には子ども達に高等教育を受けさせるだけの余裕があったわけではない。修吾自身がこう告白している。「私のうまれた家は、祖父の頃までは、地方の大地主であったそうだけれど、その祖父の代から身代が傾き、祖父は私の父が一八歳の時に脳溢血か何かで頓死したので、それから急転直下、土地もほとんど失くなってしまい、私が生まれた頃は、赤貧洗うが如きありさまであった。・・・私がまだ独立をなしえないうちに、私の父は亡くなったのだが、その時まで、家はやはり赤貧であった。私は小さいときから、家の貧しいことを知らされて、貧ということを、しみじみ情けなく感じていた。父は無理算断をし、母は生涯骨を粉にするまでに働いて、私ども兄弟に教育を授けてくれた。本当は私は長男ではあり、東京などには出ずに、早く独立して家計を為すべきであったのだけれど、自分にももっと学びたい願いがあり、父にも苦しいながらにそういう望みがあり、それに私に望みを嘱《しょく》してくれる先輩（注：野口援太郎のこと）があったので、学資の方途はついているわけではなかったけれど、白髪になった父を後に残して、東京には出てきたのであった。私が東京に出てきた歳の秋に、父は大難病にかかり、それから床につききりで、翌くる年の夏に亡くなった。その間、私は或る先輩（野口援太郎）の情で修学を続けていることが出来たが、家はたとえようもなき困難で、母の辛苦と、妹（長女タケヨ、後に医師の夫人となる）のあらん限りの心尽くしと骨折りとで、とにかく、泣きながら、もがきながら、その中を切り抜けてきたのであった」（三浦修吾『教育者の思想と教育』二六八〜九頁）。

野口援太郎氏

同年四月より鹿児島師範学校赴任途上、当時姫路師範学校長・野口援太郎の家で、姫路師範学校教頭・泥谷《ひじや》良次郎氏夫人の妹・木内奈美子（大分県大浜市出身）と結婚式を挙げる（野口「高師が生んだ異彩ある教育家」）。修吾が東京高等師範学校学生のとき、修吾は夏休みには三、四週間か一ヶ月間野口のいる姫路の家に遊んで行くのが常であったが、その際に野口の下で教頭であった泥谷と話をする機会が多くあり、泥谷は「修吾の美しい感情にほれ込んで」、彼の夫人の妹を修吾に見合することになり、やがて式を挙げるに至ったのである（野口、同上書）。こうした事情で野口と泥谷が見合いの仲立ちをすることになった（三浦関造『創作 二人の苦行者』一九四頁）。なお、泥谷は大分師範学校長に栄転した後、明治四〇年に鹿児島師範学校長に就任したが、当時小原（鰺坂《あじさか》）國芳がここに学んでいた。野口と泥谷は、力を合わせて姫路師範学校を軍隊調から自由主義的かつ家族的な学校に改革した同志であった（註４）。

兄　三浦修吾

野口と三浦は、新教育を進める同志として、人生の共同者として、終生変わらぬ交流を保ち、三浦亡き後、大正一〇年一月末（三浦逝去は大正九年一二月二七日）に、池袋野口家で三浦修吾追悼会が開かれている（『修吾全集』）。そして野口は『修吾全集』全三巻を企画し、その上巻（「愛の学校」「林檎の味」、写真、年表を収蔵）を大正一一年に発行している（他の二巻を準備中に関東大震災（大正一二年九月一日）が発生、資料が失われ、続刊が中止となる）。

野口はこの上巻に一八頁に渡る序文「高等師範が生んだ異彩ある教育家」を記し、三浦の生涯の軌跡と性格を詳細に描き、親身となって三浦を偲んでいる。

「三浦修吾君は逝《い》った。しかも極めて淋しく逝った。・・・葬儀も親戚知友の三、四に送られたに過ぎなかった。誠に淋しいことであった。・・・されど真の人間の価値はこんな皮相な事実で判断すべきことではないことは言うまでもないことである。三浦君はある方面の人々には多大な勢力を持っていた。多くの若い教育家から存外大きな尊信を得ていた。最も深い最も久しい関係を持っている私なども実際には詳しく知らない位である。ただ君の死後諸方面の人々の話により、初めてその感化の力がいかに偉大であるかを想像して、今更ながらその潜勢力の強いのに驚かされる位である。今に至って私は始めて君をもって東京高等師範が生んだ異彩のある、そして成功した立派な一教育家であったということを知った位である。君の死際《しにぎわ》は実に淋しかったと同様に、君の一生涯の経路は、荊《いばら》の多い惨めな生活であった。しかも私はあえて君を評して、成功した立派な教育家というのである。・・・」

(野口、同上書)

b　小原國芳と三浦修吾

三浦が鹿児島師範学校在職中(明治三六年三月~明治三八年六月)にのちの世界教育連盟(現世界新教育学会)第三代会長・小原國芳(旧姓鰺坂、成城学園創設時の主事、後玉川学園及び大学を創設)がこの学校に入学(明治三八年四月)し、三浦から教育史と英語を学ぶ。三浦はこの年の六月に野口と泥谷の縁で(泥谷の後任として)姫路師範学校附属小学校主事に転じたので、約二か月の僅かな期間の出会いであった。しかし小原はこの出会いから強烈な生涯忘れることのない影響を受ける。

「特に最後の授業は感激そのものでした。劇的でした。ちょうど、教育史の「キリストの教育」という章でした(三浦はクリスチャンであった)。送別会もすんで、フロックコートの先生が、講義のキリが悪いからといわれて、式後、ふたたび講義をつづけて下さいました。しかも二組合併にして、涙ながらに、十字架上のキリストを説き、声涙下りながらの「愛」の教えの講義、いな、大説教でした。私はこの最後の一時間で、先生とは永い永い深い因縁が結ばれたのでした」（小原「三浦修吾先生について」）。

さらに、小原は書いている。「とくに、私は先生から個人的に貴いものを頂きました。私の教会のランシング先生から日曜学校を教えてくれないかといわれたときに、三浦先生に相談したら、「それはいい。手伝ってあげなさい。僕もクリスチャンだよ」と、いって頂いた時は、形容のできないほどうれしかった。また、入学後、一～二時間も授業がたたぬうちに、「君は、みなと一緒に英語を習うのは惜しい。どうだ、松崎先生と二人で聖公会のローランズさんから一週一回、英語の聖書講義をきいとるが、それに出ないか」と。入学したばかりの一年生の私にです。全くビックリしました。勿体ないのと、うれしいのと、英語を勉強したいとのとで、恐る恐るお伴しました」（小原「教育遺産（その五）」『教育新時代』誌五号）。

三浦兄弟の生家に立つ碑（岩間撮影）

小原はこの恩を終生忘れることなく、「先生の死なれるまで親しく」し、三浦の名著『学校教師論』、『生命の教育』、『第二里を行く人』を、それぞれ玉川学園及び玉川大学出版部から出版し、三浦が大正九年（一九二〇）に四五歳で亡くなると、その夫人と遺児・明三氏とを玉川に迎え（夫人は寮母として）、また弟関造氏の四名の子どもも玉川学園に迎え入れた（小原「三浦修吾」『日本新教育百年史』一、総説（思想・人物）二七一頁）。そして、三浦の威徳を顕彰する記念碑を生家に建立しようと願ったがかなわず、逝去した（昭和四九年：一九七四）。母堂の故郷・福島県で理数科担当の中学校教諭を務めた一人息子の三浦明三は、恩師・小原の遺志を継いで、昭和五三年に三浦修吾の生家に近接する墓所に「第二里を行く人・三浦修吾之碑」を建立した（写真参照）。

また、小原は三浦の『学校教師論』を繰り返し学生に勧め、優れた教師論の代表者として、自著『師道』で、沢柳政太郎のものと共に三浦のものを挙げている（八二〜七頁）。三浦の代表作の一つに、訳書『第二里を行く人』（大正八年）がある。マタイ伝の「人もし一里行くことを強いなば、二里を行け」に基づく、苦難を積極的に背負う生き方を説いた書の翻訳書である。この書については後に譲るとして、小原の「玉川教育第一二条」の一項目「第二里行者と人生の開拓」、そして、玉川学園の入り口の大石に大書された「人の最もいやがることを微笑をもって行え・・・」という趣旨の小原が示した学園のモットーは、正にこの三浦の精神を継承したものに他ならない。

c　中村春二と三浦修吾

三浦修吾は姫路師範在職中の明治四五（一九一二）年に春秋社からエドモンド・デ・アミーチス著の教育小説『クオレ』を『愛の学校』と題して翻訳出版し、「往年のベストセラーになり教科書にも採用され、翻訳の手本と激賞された。一九一二年に中村が成蹊の「夏の学校」でこの『愛の学校』を生徒に読んで聞かせたところ、大変有益であったために、そのお礼の手紙を三浦に寄せたのがきっかけとなって二人の交流が始まった」（上田一八九〜九頁）。

三浦は姫路師範転任一年後の明治三九年に発病（結核）し、翌年妻に病が移り、しばらく休職・療養した。妻が病院に行き、彼は一人で闘病生活を余儀なくされる。毎日のように多量の吐血があり、医者もさじを投げた。どうしようもなくなったとき、ふと、キリストのエッセネマの祈りの言葉が浮かび、「ただ御心にまかせたまえ」を思ったとたん、修吾の心は濃い霧が晴れるように明るくなり、一切が輝くように感じられ、自分自身が光の中に溶け込んでいくように思われ、いままで経験したことのない心の平穏と喜悦の中に置かれた。胸の痛みも呼吸の苦しさも忘れはて、それから急転直下、健康を回復し、ついに快癒してしまう。そして学生に剣道の指導すらできるようになった(『学校教師論』三四頁)。

このような奇蹟的起死回生を体験するが四四年に妻が病没、翌大正元年には長男が他界するなど、多難な時期に遭遇。大正四年に後妻に遠藤まつ(福島県三春町出身)を迎えるが、再度発病し一時は危篤となる。ついにこの年の秋に退職し、経済的にも精神的にも苦難に直面する。

弟・関造はこのあたりの事情をこう記している。「鹿児島から姫路師範に転任しました兄は、二年後に病を得ました。それ以来、兄の余生は非風惨憺たるものでした。再来一七年間、兄は病と戦いながら、道を説き、道に悶えながら、神を求め、涙と寂しさで心を洗い、神の道を直ぐしてきたのです。その間に、兄は先妻と死別し、続いて愛児と死別し、母と死別し、漸く一波乱収まり、健康を復して、忠良なる妻まつ子を迎えますと、二週間を出でずに再び危篤に陥り、遂に教職をも倣たなければならぬ身になりました。・・・兄はその悲痛な経験によって、一切の名望、成功を犠牲にしてしまって、得べき一つの道を体験したと思います。しかし一度教職を失った病弱無産の兄は、生活の道を得なければならなかったのです。その時、兄はすでに政治的組織的努力から解脱して、他力の妙法に帰命していましたので、来るべきもの与えられるべきものを待ちました。かつて『愛の学校』を著しまして、それが中村先生の生徒さん達に愛読されていたのが縁になって、兄は成蹊実務学校に奉仕することになったのが数年前です」(三浦関造「弟の見る三浦修吾伝」)。

大正六(一九一七)年、新教育実践校「成蹊実務学校」(中村春二《はるじ》が明治四五年に池袋で開設、大

中村春二像（中村彝による）

正一四年に吉祥寺に移り、初等・中等教育一環の成蹊学園へ発展）創設者・中村春二の熱心な招聘に応じて、三浦は、成蹊の機関誌『新教育』編集主任として上京し、編集主任以外にも、実務学校の「英語作文」、「修身」、専門学部の「雑談」の授業なども担当した。実は、中村による招聘以前に、三浦自身、成蹊学園の機関誌（『新教育』と改題以前の）『こかげ』の愛読者であって、しばしば姫路師範学校の学生達にその内容を語っていた（村田逸二「三浦先生を懐う」、「三浦修吾先生をしのぶ」）。また、大正二年には、三浦の「成蹊実務学校諸子へ」という一文が『こかげ』一巻一五号に掲載され、大正五年には改名された機関誌『新教育』二巻二号にも掲載されている（上田祥士「成蹊学園創立期の教育者：三浦修吾」）。早くから中村と三浦は互いに教育精神・思想上で共鳴し合っていたのである。

以後他界する大正九年まで約三年間学園の機関誌『新教育』及び他誌（『内外教育評論』など）への執筆、著作『真実の教育』（大正七年）『第二里を行く人』（大正八年）『教育者の思想と生活』（大正八年）『林檎の味』（大正九年）の著作・発行、そして講演にも赴き、大正新教育運動の先導者として活躍する。成蹊創立期に「実践の中村、思想の三浦」と謳われ、『新教育』の読者が膨れ上がり、三浦を中心とした「成蹊教育会」が設立され、これは会員三千人を擁する一大勢力となり、大正自由教育の中核を担った（上田「成蹊学園創立期の教育者—三浦省吾」）。

大正九年八月、三浦は信州での講演の後に発病、衰弱し、一二月二七日帰らぬ人となった。野口援太郎夫妻、詩人・宗教家の宮崎安右衛門、中村春二、三浦の妻まつ、弟関造、妹らに見守られての、おごそかな臨終であった（三浦関造『二人の苦行者』四二八から四三三頁、上田祥士『大正自由教育の旗手：実践の中村春二・思想の三浦修吾』二一五頁）。

B　三浦関造

三浦関造は兄の修吾とは約八歳年齢が離れていた。性格的には修吾が細身色白の貴公子的であるのに対し、関造は磊落《らいらく》で大柄であった。一見正反対に見えたが、また、時には摩擦があったが、互いに理解者であり、関造は兄を慕い、兄に導かれて成長した。関造は兄修吾について、こう回顧している。

「二〇歳のころまで、私を感化し、私の裏に神聖な衝動を鼓舞してくれた唯一の人物は兄修吾でした。子供の時分から、兄と私との間には、兄弟とはいわれない程の隔たりがありましたが、また二人の間には不思議な引力がありました。・・・それは性格が違っているのを言うのみならず、容貌風采が全然違っているからです。私が一四歳の年、二一歳になる兄は、私に『孟子』の講義をして聞かせました。兄は粛然端座、精魂を込めて説きますので、私は両手を畳につけて、礼拝でもするような心持で講義を聴きました」（三浦関造「弟の見る三浦修吾伝」）。そして関造は話に感激してボロボロ涙を流す。すると、修吾は「天は大任を帯びた人を、子どもの時から苦しめられる。飢えることも、筋骨を労することもなくてはならぬ。苦しみ悶えた人でないと、天が用いてくださらぬ。俺はあまりに幸福に生い育ったからいかぬ。お前は俺のような途を踏まないで、舜や伝説のように苦しんで、天に任ぜられ、世に用いられる人にならんとならん」（同上書）と関造を諭《さと》した。関造はこれをシナイ山のエホバの声のように聞き、以来、「孟子」のこの一章は終生関造の心に深く刻まれた。

修吾一四歳、関造七歳のころ、二人で森の中を散歩した追憶を関造はこう語っている。

「丈の高い神々しい容貌の持ち主なる兄は、静かに森の中を歩いていた。バラバラと落ち葉の音がするばかりで、森も粋をこらしたように静かである。・・・兄は何時の間にか本を閉じて懐に入れ、森の一方を見つめて瞑想している。森のしげみの西の方に少しばかり空が見えて、そこから神火のような夕日が一筋あかあかと小暗い森にさしてくる。強二（関造）もハット気がついてそちらの方を見る。なんとなう悲しい崇高《けだかさ》が心一杯になる。ソット兄の顔を側から見ると、人間以上の神々しい光が光っている」（『二人の苦行者』二九五頁）。

関造はこのように兄の感化を強く受けたが、また、幼い頃から精神的・宗教的目覚めの兆候を有し、三、四歳の頃から見えざるものを慕う気持ちが生じていた。少年雑誌『キング』に投稿した「ぼくが小さいときでした」という詩に「ぼくが小さい時でした。お庭の桃に花が咲き、森のこずえに鳥が鳴き、日がぽかぽかな春でした。誰か知らない善い人が、私の名をばよびました。草屋をとんで庭にいで、庭をおどって森にゆき、森からぬけて野にいって、うしろを見ても前見ても、影も姿もなけれども、見たこともない善い人が、私の名をばよびました。・・・」とある（三浦関造『大直観力』二〜三頁）。

一三歳の晩秋、庭の楓《かえで》の巨木が、金の落ち葉を振るい落としている中に佇んで瞑想した。「汝は生長して何ものになるのか？」という内心の囁きこを聞いたからである。様々な未来の幻を画いて見てはぶち消し、遂にこう決心した。「どんなに貧乏でもよいから詩人のような聖者になる！」落ち葉が散って、午後の傾陽が木立の幹に赤く燃えついているのを一心に眺めながら、この一念が決定した時、神聖なものに愛されているインスピレーションが背骨に振動して、胸裡に聖火が燃え上がった（同上書七頁）。

一六歳の夏に関造は、一年余り病み伏していた父の臨終に付き添っていた。父は安らかに世を去ったが、死の印象は強烈であり、死について考え、絶望的になり、薄暗い土蔵に引きこもり、来る日も来る日も煩悶していた。家の書棚から祝詞大祓やお文様を持ち込んで読んだが、求めるものが書かれていなかった。新約聖書マタイ伝第五章の「悲しむ者は幸いである」を呼んだ時、何か知らない秘密があるような気がして、静座して一心に瞑想する。深い呼吸を繰り返して瞑想しつつ一時間以上経た時、突如、土蔵の中に光がさし、丈の高い白衣に輝く髭がふさふさと垂れた聖なる存在が、脇に立っているのに気づき、キリストを直感する。床に額を擦り付けたまま頭をもたげえずにしていると、強烈な風が吹き込み、未知の空間に吹き飛ばされる思いとともに、ぶるぶるとふるえつつ浮き上がった。すると、「恐れるな！　我ここにいる！」とのキリストの声と共に、一切は転倒し、希望と喜びが天使の翼のように広がって、光明の中に、踊躍たる新生の奇蹟を見出した（同上書九～一〇頁）。

いわゆる回心（コンヴァージョン）の体験をしたのである。

高等小学校を出て農作業をしていた関造は一時洋行を強く希望したが、父と兄の修吾に反対されその希望を放棄し（『二人の苦行者』二八五～七頁）、兄の勧めで福岡師範学校に入学（同上書二八六頁）。在学中、一時再び洋行を希望したが、兄の修吾に反対されその希望を放棄した（同上書二八三～七頁）。

このように関造は修吾と同じ故郷で成長し、明治三一年に福岡県立福岡師範学校に入学、当時の師範学校がすべてそうであったように、軍隊式の学校で毎日なぐられ萎縮していたが、英語と文章だけは素晴らしい天才だと学校中の評判になり、ワーズワースの詩を暗誦し、「ワーズワースのような詩人になろう、ペスタロッチのような先生になろう！　使徒のような聖者になろう」（同上書二八六頁）と思っていた。兄からは盛んにトルストイの英文短編小説やクオレなどの作品が送られてきた。再び洋行の夢を持ったが、兄に反対されて諦める（同上書二八六～七頁）。

卒業後、二〇歳の春、地元の高等小学校（現在の小学生五・六年生を教育する学校。場合によってはさらに二年間の期間があった）や離島の小学校に五年間教師として奉職した。この間、田舎の小学校に勤めながら母を養い、かつ勉学に励む。「英文学の世界文学、哲学を玩味して、神秘哲人としての著作家になろうと志した。英人ワーズワース、テニソン、ロセッテ、スウインバーン、スペンサー、キーツ、ホイットマン、ホイッチャー、コーリッジからフランスの詩人に親しみ、二三の歳から大陸文学を耽読したが、遂にトルストイとドストエフスキーだけがわが友となり、他の小説はすててしまった」（『至上我の光』第五七号：三三年一二月発行）。ショウペンハウエルと聖書の教訓により、純潔な青春期を過ごした。やがて、野口援太郎の計らいで（同上書三〇一～三頁）、明治四二年、二六歳で上京、青山学院神学部に入学し、働きながら学校に通う。大正二（一九一三）年卒業後、豊田ハル（春子）と結婚。副牧師として弘前のキリスト教会に就任した。関造は兄・修吾の影響もあって、クリスチャンになっていた。

この年にルソーの『エミール』を翻訳発行するや、これがロングセラーとなり、一躍文壇にデビューする。

この成功に勇気づけられたのか、三浦は数か月で副牧師職を辞任し（教会と生き方等でしっくりいかなかったともいわれる）、文筆活動に専念するようになる。以後彼は生涯に数え切れないほどの書を出版する。その後、ロマンローラン、ドフトエフスキー、タゴール、トルストイ、ソローなど一連の文学者の作品を他に先駆けて翻訳・紹介し、日本文学界・思想界に多大な影響をもたらした。貧乏生活を余儀なくされつつも、独立した精神生活を貫く。大正一〇（一九三五）年に詩集『祈れる魂』を出して、一転し、訳書から創作書に切り換え、昭和五年にアメリカに渡り精神世界の同志と交流、昭和一五年には上海に渡り（亡命）、ヨガ及び神智学の集会、講義、英文書の発行を行う。昭和二〇年帰国後、神智学協会の日本支部（ロッジ）を設立、かつまた、綜合ヨガの修練のための「竜王会」を昭和二八年に設立（盛時には会員数約七〇〇名）。昭和三五年に七六歳で他界するまで、精神世界の指導と著作、講演に打ち込んだ。

三浦関造は大正時代を中心に、かつての教師経験に則して教育問題に関心を持ち、『エミール』の翻訳をはじめとする、教育革新に向けた幾多の教育業績を残したのであり、兄修吾と共に大正新教育運動の火付け役であった。

二　三浦兄弟が新教育推進に果たした業績

A　三浦修吾の業績

a　教師としての三浦修吾

三浦修吾は、明治三六（一九〇三）年四月から三八年五月まで約二年間を鹿児島師範学校、三八年六月から大正四年春まで約一〇年間を姫路師範学校で、そして、大正六(一九一七)年一月から他界する大正九年一二月まで約三年一一ヶ月間、成蹊実務学校の生徒の教育に従事し、青年教育にたずさわった。師範学校教諭時代は、「英語」と教育学「教育史」などや「心理学」、「修身」それに剣道も教えていた。成蹊実務学校では、機関誌『新教育』の編集主任の傍ら、実務学校の「英語作文」や「修身」

（竿代靖「実務学校の想い出」）、それに専門学部の「雑談」（成蹊実業専門学校生徒同人「青春の血」）をも受け持っていた。

三浦が感化力の強い教師であったことは、前に示した小原國芳と三浦との邂逅の場面が雄弁に物語っている。基調となるのは、彼のキリスト教的「第二里を行く」の精神、すなわち苦難を進んで背負う生き方である。成蹊実務の生徒の回顧によれば、三浦はマタイ伝第五章三八節の「人もし汝の右の頬を打たば、左をも向けよ」や第四一節の「人もし汝に一里行くことを強いなば、共に二里ゆけ」についての教えを受け、これがきっかけになって、この生徒は結核を克服し、クリスチャンになったという（竿代靖「実務学校の想い出」）。また、成蹊学園の「雑談」では、三浦は自らの苦渋に満ちた体験を、感謝と共に赤裸々に語り、生徒に感銘を与えている（成蹊実業専門学校生徒同人「青春の血」）。「二〇名の視線は常に先生に注がれ、咳一つするものもない。一語も聞き漏らすまじと耳を傾ける」（同上書）状態であったという。

成蹊学園の機関誌『母』の「三浦修吾氏追悼録」での姫路師範学校時代の学生によれば、「失礼ながらその時分は話術は大変上手ということは言い得なかったであろうが、何かしら先生のお話は僕らの心臓の奥まで入って何か植え付けられたようであった。私にとっては嫌いな算術や博物などより先生の修身の時間の方がよほど待ちどうしかった。・・・私は先生に対していかに感謝してよいかわからない。私は普通の言葉をもってこれをあらわすことは出来ない。先生と子弟の関係はわずか一ヶ年に過ぎなかった。けれども真の教育はそのときなくしてその後にあった。私に対して慈母の如き時があった。時には厳父の時があった。先生は真実私を愛してくださった。・・・」（村田逸二「三浦先生を懐ふ」）

三浦の恩師で先輩であった野口援太郎は、三浦の「直我を言明する講演風の教授には、学生の方にては大変に信仰する者がある一方には、教科書を離れて無計画でやってのけていく授業には、すこぶる満足しなかった学生もあったことも事実である」（「高等師範が生んだ異彩ある教育家」）と指摘しつつ、全体としては、衆望を集め、「異彩ある教育家として成功した」（同上書）と述べている。三浦は教育者として欠点を持ってはいたが、小原のような影響力の大きい人物を感化した点を考慮すると、その業績は欠点を補ってなお余りあったといえよう。姫路師範学校卒業生の一人はこう回顧している。「先生は教育実際家というよりも、教育思想家といったタイプだった。・・・その教授振りなども、一般の型を破ったもので、いわゆる真面目な学生にたちには、あまり歓迎されなかった。だが、先生には先生でなければ、他の何人によっても代理を許さない「あるもの」があった。それが一部の生徒のほとんど信仰的な贔屓《ひいき》をつくったのである。三浦先生の下に集まる大部分は学校では異端視されていた注意人物であったようにも見えた。だからこれらの人物は、そろいも揃《そろ》って自己を持っていた。・・・いったい当時の教育者は、芸術というようなことについては、てんで無理解であった。三浦先生には、しかし芸術が分かっていた。これは大切なことである。・・・姫路師範が三浦先生を持っていたことは誇っていいと思っている」（姫路師範学校同窓会 一八七～八頁）。

b　著作活動

三浦修吾は、ベストセラーの教育小説『愛の学校』、好評を博した『学校教師論』、『第二里を行く人』などの書、及び『新教育』誌など教育ジャーナルを通しての大正新教育運動のオピニオンリーダーであった。

イ　児童文学書『愛の学校』の翻訳出版

児童文学の世界的名著として知られる Edmondo de Amicis, *Il Cuore, libro per i ragazzi*, 1886. すなわ

ちエドモンド・デ・アミーチス（1846–1908）著『クオレ、子どものための本』（一八八六年）は、日本では一九〇二（明治三五）年に始めて紹介されたが、三浦によって、（教育小説）『愛の学校』と命名され、一九一二（明治四五）年に英語版から訳出・出版されて、好評を博し著名になった。三浦が姫路師範に勤めながらなされた労作で、三浦没後、誠文堂書店が引き続き大正一一年からハードカバー版で発行し、昭和五年の時点で実に第六〇版を重ねている。日本の児童文学界、教育界に及ぼした影響は絶大であったと想像できる。英語力に加え文筆力に優れ、文学的情操に満ちた三浦による名訳であったことに加え、『愛の学校』と標題をつけたところにも、この書が日本に広まった原因ではないかと思われる。ちなみに「クオレ」とは、人名ではなく「真心」「寛大」「愛」などと訳しうる言葉である。原著者のイタリアでは、この書はコッローディーの『ピノキオの冒険』と並ぶ国民的児童文学書であり、世界中でもロングセラーとなっている。わが国では、現在、イタリア語からの矢崎九郎訳で偕成社から『クオレ：愛の学校』として発行されているが、かつては角川文庫や新潮文庫、三笠書房から出版されていた。三浦の恩師・野口援太郎は三浦亡き後の『修吾全集』上巻（大正一一年）に、「愛の学校」を収録している。

著者のアミーチスは、若いときに軍人として従軍したのち、フィレンツェで軍事新聞の主幹となり、退職後、軍隊生活の想い出を綴った『軍人生活』（一八六八年）でデビューし、諸国を旅行してさまざまな旅行記を書き、不朽の名作『クオレ』によって名を留めるに至った。内容は、エンリーコという小学四年生の男子児童が、一〇月から翌年の七月までの出来事を日記風に書いた想定で書かれたもので、クラスの児童とその家族、教師といった身近な人物や事柄の観察、国や社会の諸問題、先生による話や親による話などを教訓的に混えている。学友の「石屋さん」「野菜売り」「小間物店」など労働者階級の子どもの話、夜学校や聾唖学校の見学などが書かれ、労働の大切さ、貧しく弱い者への理解、友情、家族愛、正義観、義務観、愛国心、圧政への批判、勇気などが感動を呼ぶ筆致と、鋭い人物描写、美しいイタリアの風土及び季節の描写を交えて、ヒューマニステックに描かれている。中でも「母を訪ねて三千里」部分は、イタリアの幼い少年が単身、母を訪ねて遠く離れたアルゼンチンを旅する感動の物語で、この部分だけが取り出されて、児童の読み物として、あるいはテレビや映画などで世界中で鑑賞されている。

この内容は、弱者への思いやり、苦難の克服、感謝の生活などを基調とする三浦自身の生活態度と強く共鳴するものであり、三浦の分身と言ってよいものであった。彼の訳が何十版も重ね、教育界・児童に普及し、多くの教育者や児童に感動を与えつづけた功績は大きい。個人的にも、この訳書によって、三浦は成蹊学園の中村春二に招聘され、晩年、新教育の先導者になった。

ロ　『第二里を行く人』の翻訳出版

『第二里を行く人』は、イエスの新約聖書マタイ伝「山上の垂訓」（第五章三九節～四一節）に「人もし一里行くことを強いなば、共に二里行け」があり、これをタイトルにした米国人教師フォッジスの『*The Second Miles*』を、自己の見解も加えつつ翻訳出版したものである。進んで重荷を背負うことによって、主体的な生き方を喚起し、人生を誇らかに歩むことができる、という趣旨の人生論を述べた書である。これは三浦の生き方に適うものであり、この「第二里を行く人」が三浦の代名詞のごとくなった。

三浦が他界する前年の大正八（一九一九）年に、この書は成蹊学園出版部から出され、他界後、三浦を慕う小原國芳によって、大正一三年に玉川学園のイデア書院から発行され、また、「修吾全集第二巻」『生命の教育』に「第二里を行く人」が納められている。昭和七（一九三二）年には、玉川学園出版部から、「玉川文庫三」として、『第二里を行く人』が単独で出版されている。昭和二二（一九四七）年には、玉川出版から同書を出しており、昭和五一（一九七六）年の玉川大学出版部発行の『生命の教育』にも「第二里を行く人」が収蔵されている。

この書の原本に触れたいきさつについて、三浦が語るところによると（『第二里を行く人』昭和七年版一〜二頁）、彼が『真実の教育』（成蹊学園出版部、大正七年）を著した時、第三高等学校教授・栗原基がこの書を「セコンドマイルの人」だと評したのがきっかけで、栗原の主幹する『黎明』のある号の巻頭論文「二里行者」から、「セコンドマイルの人」の著書が、アメリカの著名な教師フォスジックによって書かれ、これが「欧州大戦、西部戦場に、幾万部というほど送られて、戦士の間に読まれていたこと、及び書の概要を知った。そこでこの原書を取り寄せて読むと、その内容は日本人にとってのみならず、自分自身にとっての問題に直結すると感じて、翻訳の意思を固めたのである。

かつて、イエスとその弟子達が生きたイスラエルの地は、ローマ帝国の支配下にあった。その恐怖と憎悪の対象であったローマ兵士は、道を行くとき、ユダヤ人に命じて重い荷物を持たせて一里を歩かせた。これは強制であって抵抗不可能であった。弟子はこの窮状をある日イエスに訴えた。するとイエスは、それでは自ら進んで二里行きなさい、と全く予想もしない回答を出す。「一里はいやでも行かねばならぬ。ユダヤの民は心には泣きながら、不平を言いながら、苦痛に感じながら、やむなくローマ兵士のいうままに従った。それは肉体の屈従であると共にまた魂の屈従であった。しかし、二里を行ってやろうとする場合は、それはこちらの自由意志でするのであるから、もはや屈従ではない。そこには発動の心がある。そしてもはや、身体の束縛も、魂の囚われもなく、全く自由になったのである」（『第二里を行く人』七頁）。とこの作者は解釈する。これを受けて三浦は、翻訳に日本人としてどうすべきかの節をあえて加えて、「第一里の長い途を歩いて来た我らは、これから第二里の途へと、晴れやかな面をあげて進んで行かなければならぬ。恐るべくいやなローマ兵士もわが友となし、我が味方となし得る心の力を養っていかなければならぬ」（『第二里を行く人』七五頁）と述べている。

三浦は自己のつらく、厳しかった人生の一時期を振り返ってこう述べている。「・・・それから妻が自分の終りを自覚してか、晩年の一ヶ年を、私の許に来て過ごしていた間、後の半分は全く臥床のままであって、雇人も色々の事情で、来てくれることが稀であったので、私は病人の看護と、炊事掃除と、忙しい学校の仕事で、三つの事を一身に兼ねてやらねばならなかった。この時は疲れて苦しいことが多かった。妻が失くなってから、子供が死んだり、母が永眠したりしたことが続いたが、その間の幾年、私は独身で大抵は孤棲の生活を送ってきた。それは淋しい苦しい長い時間であった。・・・けれど、私は、私にこの長い苦しみのあったことを喜んでいる。少しでも私に何事か分かって来て、小さなる喜びが私の内に生まれるようになったのは、私が喰い荒らした書物から来たよりも、この辛い生活から来たといわなければならぬからである」（『学校教師論』八三～四頁）。こう述べて、若い人々の苦悶や疑惑を聞いてやって、多少とも慰めとなり、力になってあげられるのは、この苦しい経験があったからである、と告白している。まことに、三浦は「第二里を行く」を生涯かけて実践したと言うことが出来よう。

福岡教育大学（旧福岡師範学校）附属中学校体育館に掲げられている校訓（岩間撮影）

なお、現在に至るも、福岡教育大学附属福岡中学校において、三つの校訓の筆頭に「行第二里」が掲げられている（同校平成一六年度『学校要覧』一頁）が、体育館正面の壁にこの文字が大書し掲げられている（筆者による同校訪問で確認）。当地は戦前に福岡師範学校の所在地であり、野口援太郎も三浦修吾・関造兄弟も通った場所であり、戦後、同上書「本校の歴史」によると、昭和二二年に同地に福岡第一師範学校男子部附属中学校（のち、福岡学芸大学付属中学校）が開設され、昭和二三年に、第三代主事（のち校長）の戸川尚によって、教育目標として、「行第二里、一歩々行万里、不動心」が樹立された（同上書三一頁）。この戸川は、附属中学の校長を二回務めて父母の信頼篤く、福岡教育大学の名教授として名声があり、「三顧の礼で玉川入りをしてもらい」玉川大学の学生部長、通信教育部長、教養部長等の大役を経て、文学部の重責」（小原國芳編『日本新教育百年史：第八巻「九州・沖縄」』六八頁）となった。このように戸川は小原と緊密な関係にあり、その影響で、三浦の「行第二里」の精神を学んでいたに違いない。

ハ　**教師論**

三浦の教師論は、『学校教師論』（内外教育評論社、大正六年、成蹊学園出版部、大正八年、玉川大学出版部、昭和五〇年、ゆまに書房、平成三年）、『真実の教育』（成蹊学園、大正七年）、『教育者の思想と生活』（大同館書店、大正八年）、『生命の教育』（イディア書院、大正一三年、玉川大学出版部、昭和五一年）に結実されており、玉川学園・玉川大学の小原による推奨もあって、教師論の代表作として認められている。すなわち、「戦前、青山師範（校長：瀧澤菊太郎、青山師範は現・東京学芸大学）では、永年（学校教師論が）教育学の教科書に使われ（小原「三浦修吾先生について」）、目白学園女子短大の片山清一先生（世界新教育学会［WEF日本支部」元副会長）は、「血と涙で綴ったホンモノの教師論である。教師として最も大切なことは、生徒に人生を教えることである・・・」と新聞に大きく書評を書いた（小原「（『生命の教育』）復刊にあたって」）。昭和四三（一九七三）年に、寺崎昌男編『近代日本教育論集六：教師像の展開』（国土社）に『学校教師論』の抄録が載り、昭和五一年春に、読売新聞に学習院大学長の児玉先生が卒業生の式辞に、「三浦修吾先生に『第二里を行く人』というのがある、として常に喜びを持って二里を進んでもらいたい、とはげまされた」（小原「『生命の教育』」復刊にあたって）。昭和五六（一九八一）年の『現代学校教育の源流：明治・大正期の授業・教育実践の構造』（小林一也編、ぎょうせい）に「三　学校教師の在り方：三浦修吾の「学校教師論」に学ぶ」（五三〜六四頁）として、三浦の教師論が論じられており、平成三（一九九一）年には、ゆまに書房の『明治大正「教師論」文献集成』第二九巻に、三浦の『学校教師論』が収録され、一九九三（平成五）年発行の『日本の教師二二：歴史の中の教師Ｉ』（寺崎昌男編著、ぎょうせい）に、三浦の『学校教育論』中の「教師の権威」が解説を付して収録されている。二〇〇〇年度修了・筑波大学大学院教育研究科教科教育専攻社会科教育コース・修士論文で、『三浦修吾の教育思想』（服部真由子）が書かれている。

では、三浦の教師論とはどのようなものであろうか。以下に特徴的な三浦の文章を拾ってみる。

◎赤裸々な教師

「教師は、自己の人格なり、学識に対しての不断の修練を怠ってはならない。それと同時に、教師は、裸体となって海に飛び込むときのような態度で、生徒の中に入り込んでいかなければならぬのである。欠点も弱点も生徒に知られ、生徒に馬鹿にせられる覚悟で、赤裸になって生徒の中に飛び込んで行かねばならぬのである」（『教育者の思想と生活』一三九頁）。

◎自己教育

「自らを教育し得る人でなければ、他を教育することは出来ない。不断に進歩しつつある人のみが、他を進歩させることが出来るのである。だから、教育の第一義のものは、学び得るということにある。教育者の根本資格は、すべての事の整うているという点には存していないので、絶えず脈々たる生命が波打っており、流動し躍進している所に存するのである」（『生命の教育』七九頁）。

◎生涯学習

「人間の生涯は、そこに学んで、より広大なるところに進むべきための一大学校である。生涯の中に遭遇する一切の事象が、吾等の究明すべき教科であり、吾等の心身を鍛練すべき機会である。・・・これをさとらせ、この力を得させることが、教育の本質であり、教育者の、何よりもさきに知得しなければならぬものである」（同書上一五〇～一頁）。

◎自主的学習

「教師は、何事をでも知っていなければならぬというものではない。自己の専門とするものについては、もちろん充分に知悉《ちしつ》していなければならぬわけであるけれど、これさえその枝葉の詳細なことまで、いつも諳《そら》んじていなければならぬものではない。知らぬことがいくらあっても差し支えないのである。・・・教師には、根本的知識の理解と、絶えざる研究心があればよいので、字引を引けば解るようなことは、生徒に自分でしらべさせるようにしたがよい。生徒自身で研究してみるという習慣をつけてやった方がよい」（『学校教師論』五四～五頁）。

◎仕事に徹せよ

「学校教師をしていれば、世間は分からないと言うことは、決して言えないのである。されど、学校教師は世間知らずだという事は、事実かもしれない。それは、学校教師は、学校の中ばかりにいて、外界の世間に顔出しをすることがないからではないのである。それは、世間の実生活をしている人ほどに、自分自身の生活に、真剣でないからである。どうにでも間に合うという所から、上の空で自分の生活を見ているからである。物の核心実相までも、見透かそうという眼の据わりがないからである。・・・すべてが実世界である。人が真面目に仕事をするところ、他人のために労苦するところ、それが実世間である」（『学校教師論』一八七～八頁）。

挙げるべき三浦の言葉は、まだまだあるが、その根底にあるものは、「一つの仕事をやっている間は、生涯それをやり抜くのであるかのような構えで、かからなければならぬ。一つの仕事をしつつ、前後左右を顧みるようなことではいけない。一心不乱でなければならぬ」（『学校教師論』一四一頁）という職業観であり、それは、義務からの行動を超えて、「行第二里」の精神で、与えられた仕事に積極的に取り組むという、宗教的精神の顕れである、と観ることが出来る。彼はこう語っている。「人生の不如意と、不自由と、束縛と抵抗と、矛盾衝突とは、人をして神たらしめるための、宇宙に備わった、神秘な機関ではないのだろうか。我らは小さなところから目を離して、崇高な宇宙の設備にその眼を転じて、苦痛の多い現実の生活の上に、不可思議の意味を探らなければならぬのでなかろうか。平凡にして、矛盾の多い学校教師の生活の上にも、宇宙の奥底からの深い大きな意義があるのではなかろうか」（同上書一七四頁）。

c　その他

三浦は教師論のほかに、幾多の講演旅行や求道者との交流などの折に記した随想文や紀行文があり、これらは最晩年の大正九年五月に集められて『林檎の味』（大同館書店）として発行された。三浦の死後に、師である野口援太郎は、これを大正一一年に『愛の学校』とともに、『修吾全集』上巻に収蔵している。これによって、彼の人生観や交流関係など、個人的な面を知ることが出来る。

ちなみにこの書からうかがえる人物交流では、西田天香（四頁）、岡田播陽（四三、一〇二頁）、小西重直（二〇二頁）、四方文吉（二〇〇五〜七頁）、本間俊平（二九〇頁）などであり、他に多くの校長や教師等の名前が記されている。歩んだ箇所は、関東近辺はもとより、福島県白河、静岡、箱根、三浦半島、大阪、京都、松江、松山、広島、信州など全国各地に及ぶ。「講演の旅から帰ると疲労するのが私の常であった」（『林檎の味』二三三頁）とあるが、三浦は大正九（一九二〇）年七月の信州・北佐久郡での講演旅行で発熱し、帰京後に寝込み、同年一二月二七日に帰らぬ人となった。同志的存在であった成蹊学園創立者・中村春二は、三浦のことを機関誌『母』第七巻（大正一〇年三月号）の「三浦修吾君追悼録の初めに」でこう語っている。「三浦さんは大正六年の四月から成蹊学園に来られて、『新教育』の編輯をされているほか、実務学校の「英語作文」、専門学校の「雑談」などを受け持たれたが、大正七年の末からはあまり重荷を負ってそのため健康を損なうようなことではすまないと思い、『新教育』の編輯を主として、きまった課業は一切やめ、地方からの講演を頼まれたとき、気が向いたら行くという風にしたらと、そういうようにとりまとめました。・・・三浦さんの講演ぶりは、しっとりとして穏やかな波でしかも心の奥深くしみこむ風でした」。

d　教育ジャーナリストとしての活動

先に述べたように、三浦はその訳書『愛の学校』を契機として、請われて大正六（一九一七）年に姫路から成蹊学園に赴《おもむ》き、亡くなる大正九年の終りまで約三年九か月間ほどを主として学園誌『新教育』の編修主任として仕事をした。この教育雑誌は中村春二を主宰に、成蹊学園を基盤として『こかげ』（明治四四年一〇月―大正四年一月）、『新教育』（大正四年四月～九年五月）、『母』（大正九年六月～一〇年五月）、『母と子』（大正一〇年六月～一二年八月）、『くちなし』（大正一二年一一月―大正一五年一一月）と、改題されつつ続き、関東大震災（大正一二年）と中村の他界（大正一三年：一九二四年）によって廃刊となる（上田祥士『大正自由教育の旗手』二〇三頁）。学園の出版部が焼け出されてしまったからである。

学園誌ではあったが、「次第に注目を集め多くの外部の読者を獲得するようになり全国的に読者を集め、ある時期教育界をリードした。そして一九一七（大正六）年『新教育』を中核として成蹊教育会を設立し広く教育界に同志を求めた。大正中期にかけて会員三千数百人を擁《よう》する一大勢力となり大正自由教育の中核を担った」(同上書二〇二頁)。

三浦修吾と成蹊教育会との関係について、『成蹊学園六十年史』は、こう語っている。

「三浦修吾はプロテスタントであったが、親鸞主義を奉じ、『新教育』を通じて次第に「成蹊教育会」の指導権を握っていった。・・・三浦修吾は、日本の土着思想のルネッサンス運動を公教育運動内に児童の自我をよみがえらせる運動として展開している。・・・彼は、国家主義から充分に脱皮していない曹洞自力宗に代わる西欧プロテスタンティズムに通ずる浄土宗他力を以って教育の真髄にせまろうとした。・・・彼は中村春二のもとにあって、その目的を徐々に遂げつつあった。彼は新教育運動を通じてその思想により一躍寵児となり、多くの信奉者を得た。『新教育』誌の投稿欄には『学校教師論』や『第二里を行く人』の出版に対する賛嘆文が殺到したのである。・・・三浦の思想は、大正期デモクラシーを背景に西欧教育思潮の紹介とともに異彩を放ち、成蹊教育の方向を変えんとする段階にまで達したが、学園内職員の間に三浦を真に理解するものが少なく、その結果三浦に同調する同志を獲得するに至らなかったため、さらにまたデモクラシー思潮の退潮とによって、ついに『新教育』の廃刊決定、三浦の退陣に立ちいたり、この悲運の中にこの大正期の天才的人材であった三浦は惜しまれつつこの世を去ったのであった」(「三浦修吾と成蹊教育会」)。

この『新教育』は当時の成蹊にとってシンボル的雑誌であり、この普及によって成蹊教育は世に知れ渡り教育ジャーナリズムの中心へと進出した(上田、同上書二〇四頁)。この雑誌への投稿量で見ると、中村春二、三浦修吾、小瀬松次郎、桂田金造の四人が突出しており、彼らがオピニオンリーダーとなって教育運動が行われたと見ることが出来る(同上書二〇六頁)。

三浦は、『新教育』のみならず、『内外教育評論』、姫路師範学校関連の雑誌、『日本之小学教師』などに論文を発表した。中でも『内外教育評論』は、明治四〇(一九〇七)年創刊以来大正一四(一九二五)年までに発行累計二一三冊に上る影響力のある雑誌で、新教育的立場を鮮明にし、画一教育打破の論陣を張り新教育への期待を露にした（同上書二一一頁）。

これらの文を集めたのが、絶賛を浴びた『学校教師論』（大正八年）及び『教育者の思想と生活』（大正八年）であった（なおもう一冊の『生命の教育』は、三浦没後に、小原によって『教育者の思想と生活』や『第二里を行く人』などから文章を集めて編集されたものである）。三浦は『愛の学校』の名訳者としても知られており、相まって教育界に新風を送る存在、オピニオンリーダーとして活躍したのである。三浦がもう少し長く生きたなら、必ず、あの大正時代新教育運動の頂点とされる、「八大教育主張講演会」（大正一〇：一九二一）年の論者の一人として登壇したであろうと推測できる。おしむらくは、三浦は大正九年の一二月に、苦難を光に変えた「第二里を行く」人生を終え、この世を去ったのである。

弟・関造は、「兄の死」というつぎのような詩を兄・修吾に捧げている。

兄の死骸が床の上に横たわった。私が固く握手した圧力に穢土のショックを残して。
兄よ汝の顔は彫像のように崇高《けだか》い、
変わりもの！　反逆者！・・・どんな嘲弄を受けても、
汝の死は沈黙して夫等《それら》を跳ね返す。
死は今貧しい汝を絶対神聖の彫像にした。
涙を流して集まった人達は、皆汝を拝んだのだぞ・・・
ああ高い立派な鼻・・・茫々とのびにのびた髭・・・瞑目した二つの眼・・・
平静と荘厳の極みなる顔・・・
死は汝を神の姿に刻みあげた。
―中略―

死はすべてのけがれを一掃して、汝は永遠に弟と共に在る。
兄よあゝ死に打ち勝った吾が兄！
弟は汝に死の来るを信じなかった。けれども一刻は一刻よりも静かに
ゑ土を去り行く汝の行進曲、
音なき曲のその果は・・・現実の吾が血の中に通ふている。
死は生をのみ生は死をのんで・・・
弟は常に汝と共に在る！

B　三浦関造の業績

a　教師としての三浦関造

三浦関造は、福岡師範学校を卒業後、二〇歳の春、大方《おおかた》の学生とは反対に、師範学校の校長に「誰も行かない山の中の小さな小学校にやって下さい」と返事をして、村の教師を志願し（『至上我の光』一一号）、地元の朝倉郡杷木高等小学校に奉職する。彼はトルストイの農民教育やペスタロッチの貧民教育に倣い、部落出身の子ども、低能児といわれた子どもをも感化し、教師生活に打ち込んだ（『二人の苦行者』一四〇～六頁）。

その体験の一つを三浦は次のように記している。

「トルストイの農民教育の実際や、デューイの社会教育を読んである程度合点した強二（関造）は、教育理論をほとんど満足に近いほど、頭の中に描き出すことが出来たが、また、教育ということから離れて、自分も子供も共に悪戯《いたずら》坊になって、山に木の実をあさったり、河に魚をとって回ったりした。そして、子供相手の悪戯の中から彼は予期しない多くのものを発見した。それは公理のような理論に

あてはまるべきものではなくて、個人的特殊な性格の閃きが与えた必然の真理であったが、強二（関造）はそれをしきりと喜んだ。教室の中では遅鈍な児童も、山や川で悪戯をするときには、ある瞬間に驚くべき敏感さを現すことがあった。その瞬間的な機敏な挙動には、子供の気質と特性が著しく見えていた」（同上書一四二～三頁）。

彼はその知的障害児と一緒になって悪戯をすることで、子供は大変に喜び、「何かしら内心に輝きを認めるらしく」やがて、自信と勇気を得て、「その双眼は涼しい智性と情熱に光るようになった」のである。

このように三浦は、田舎の小学校にあっても、教育学を一心に学ぶと共に、子供の中に溶け込んで、知的障害者や差別されている子供達の友となり、彼らの成長の援助者になっていたのである。ここに「一隅を照らす」光としての教育者・三浦関造の躍如とした本領が発揮されている。

しかし、部落民の子供たちや親たちとの親しい交流、さらには英文学書などの読書・研究態度は、校長、郡長、郡視学の嫌うところとなり（同上書一八八頁等）、家から遠く離れた別な郡の離れ小島の小学校へ転任させられる（同上書二二九～三頁）。このようにして三浦は、五年間高等小学校の教師として奉職した。この間、しきりに英文書を読み、独学をする。彼はトルストイの農民教育やペスタロッチの貧民教育に倣い、部落出身の子ども、低能児といわれた子どもをも感化し、教師生活に打ち込んだ（『二人の苦行者』一四〇～六頁）。

しかし二六歳の秋に、帰宅すると母が仏壇の前に伏して泣き、「人が来て、悪口を言い、給料はあがらない」と言ったと三浦に訴えた。「お母さん！　月給が上がらないのは、私の成績が一番良く、また私が外国の有名な本を原書で一生懸命読んでいるから煙たくて郡長やら校長が私を憎んでいるからです。そんな奴《やつ》、お母さんを泣かせる奴の下に私は働くのはいやだから、教員は今日限りやめて、東京に行って、一年間で成功して、お母さんに孝行します」（『至上我の光』第五七号）。このようにして、秋の暮れ、雨風の日に、母の住む家を振り返りつつ、瀧のような熱い涙を流しつつ、故郷を去って、東京に向かった。しばらくは、外国人の通訳と日本語の教授で稼ぎつつ、母に送金を怠らなかった(同上書)。

そして、前に述べたように、兄の恩師・野口援太郎の援助もあったようで、青山学院の神学部に入学する。学生である間にJ・J・ルソーの『エミール』英訳文の翻訳に取りかかり、卒業すると共に出版する。そして、母を東京に迎えることが出来た。

b　『エミール』の翻訳出版

この年（大正二年）にルソーの教育論『エミール』（隆文館）を翻訳・出版するや、「その売れ行きは目覚しく、ごく短期間のうちに次々と版を重ね、大正三年一月には六版を重ね、大正一三年に改訂版（誠文堂）を出し、昭和五（一九三〇）年に至るまで二〇版を数えるに至った。一九二〇年代においても『エミール』は日本の教師たちの愛読書になっていたことだけはたしかである」（中野一三二〜三頁）。同書はさらに版を重ね、三〇〇版以上に達する（鳥谷部陽之助『畸人・大正期の求道者たち』一七七頁）。

新教育運動の淵源をたどれば、『エミール』に行き着く。日本においても例外ではない。これを基点に日本に新教育運動が広がったといえるのであり、敷衍《ふえん》すれば、三浦訳の『エミール』が大正新教育運動の火付け役の一つになったと言っても過言ではない。

c　**各種教育書の出版活動**

この成功に勇気づけられたのか、三浦は数か月で副牧師職を辞任し（教会と生き方等でしっくりいかなかったとも言われる）、文筆活動に専念するようになる。以後彼は生涯に数え切れないほどの書を出版する。特に教育については前半生に集中し、犯罪学者ロンブロゾーの代表作の意訳『個性教育・犯罪と遺伝』（大正五年、隆文館）、『小学校教師としてのトルストイ』（大正五年、隆文館）、『社会的の自己実現・教育進化の六千年』（大正六年、隆文館）、『教育文学十講』（大正七年、隆文館）、『新人道主義の教育』（大正一〇年、集成社）、野口援太郎との共訳書（三浦が訳し、野口が校正したもの）で、フロイドやユングの深層心理学を取り入れたA・G・タンスレー『新心理学』（大正一三年、教育の世紀社）、ペスタロッチの生涯を小説風に描いた『愛は貧に輝く』（大正一四年、萬生閣）、マッテン・ガッツアの訳書『続・愛の学校』（昭和二年、平成八年復刻版：竜王文庫）などの大著を相次いで執筆し出版した。それゆえ、「教育の世紀社」発行の、大正一四年新年号『教育の世紀』付録「全国教育家録」に日本の代表的教育家の一人として三浦関造が取り上げられている。

これらの書の数例を挙げてみよう。

たとえば、『社会的自己実現の教育進化の六千年』は、ギリシャ以前の教育に始まり、アッシリア、フェニキア、ペルシャ、インド、中国、ユダヤ、古代、中世、近世、近代、現代、現代日本に至る壮大な教育史をまとめた、四〇〇頁を越す教育史専門書であり、『教育文学十講』は、プラトー、コメニウス、ルソー、ペスタロッチ、フィヒテ、フレーベル、トルストイ、デューイ、山鹿素行らの教育作品を講じた、全七〇九頁に及ぶ教育史書である。さらに、イギリス新教育運動の組織者エドモンド・ホームズ（E.G.Holmes, 1850–1936）の社会的自己実現の教育思想、ジョン・デューイの学校と社会の進歩に関する思想、モンテッソーリの教育思想など、様々な新教育の理論と実践を紹介しつつ、三浦自身の教育思想を表明したのが『新人道主義の教育』（全四一九頁）である。

貧しい農民の子供のために郷里に学校を開き運営したトルストイを描いた『小学校教師としてのトルストイ』や、貧民学校や孤児のための学校を開き運営したペスタロッチを渾身的に描いた『愛は貧に輝く』などに貫く三浦の教育思想の基調となるものは、ヒューマニズム（人道主義）であり、ロンブロゾーの犯罪心理学書に「個性の教育」とあえて命名したように、個性尊重の教育である。

『小学校教師としてのトルストイ』は、トルストイ同様、自身も小学校教師を経験し、貧しい家の子供や差別を受けている家の子供を教えたことがあり、文芸力を豊かに備えていた三浦ならではの作品である。後半部ではトルストイ作の修身童話集が収められており、この中には、後に著名になる、物質主義と軍国主義を批判した（三浦・同上書三六六頁）「イワンの馬鹿」も収められている。そして、最後に「トルストイ作・童話の倫理問題と教育的価値」と題して、三浦によるトルストイの童話の分析が行われている。彼によると、トルストイの童話が単なる教訓や命令のような無味乾燥なものではなく、豊かな芸術性を備えていること、また、子供の最も切実な自己の問題と子供の経験を扱っていることを高く評価し、現代日本の修身教育（道徳教育）が、芸術味なく、自己の問題に触れることのない点を痛烈に批判している。そして、無味乾燥な修身教育をするよりはむしろ、子供たちを「日光の輝く平野、鳥の囀《さえず》る森林、気宇宏遠の感じを起こさせる山の上であそばせたほうが良い」、と述べて、彼が小学校の教師であったとき一一～一二歳の子供たちと高山に登ったときの経験を記している。彼によると、坂が険しく、岩角の危ないところで、小さい子供や女児が恐れ惑っていたところ、クラスで最も悪漢だと全ての教師に憎まれていた一人の男子生徒が、女児や弱い男児の荷物をことごとく一人で背負って岩角を駆け登り、皆に大変感謝された、という。そして、遊戯的要素を剥《は》ぎ取られ、強健のみをめざす当時の体育を「軍国主義の中毒作用である」と断じている（同上書三六三頁）。

ところで、三浦の記した書の中で特に読まれた書は、『愛は貧に輝く』であって、大正一四（一九二五）年一一月一日に初版が出され、一一月二〇日には、すでに第五版を記録している。この書は、ペスタロッチの足跡をノイホーフ時代から晩年に至るまで、ペスタロッチが困難や悲惨な運命と闘い、理想を実現していく過程を感動的な小説風にまとめたものであり、いわゆる考証的な伝記と違い（無論小説として充分な考証を重ねた上で書かれたが）、読者が生き生きとペスタロッチの感情や思考に参入することが出来るものである。その点で他の追従を許さない作品であるといえる。やはり、三浦自身の教育体験があって始めて、実感としてペスタロッチの体験に迫り得て、小説に迫力をつけることができたのであろう。三浦は、最後の「みなさんに人類のお父さんをお引き合わせしたくて」の中で、「驚くべきことは、先生が（注：ペスタロッチ）貧乏と迫害に処して、常に自己の本領を屈せず、幼児のごとくなつかしい愛をもって、子供の成長を喜んでいったことです。「貧乏すると心が荒む」とよく人は言いますが、貧しくて益々純に、いよいよ愛に輝いた一大証拠をペスタロッチ先生に見ることが出来るのです」（同上書四三八頁）と述べ、「独創家は無論、「貧に輝く愛」の体験なしに有り得ないのであります。苦しい貧に愛を放つ人でなければ、貧民を救うことも、世を改めることも、家庭を幸福にすることも出来ないのであります」（同上書四四二頁）と結んでいる。

以上のように、三浦が取り上げ、訳したり、思想を紹介したり、また、自らの教育思想を展開した数々の教育書は、ヒューマニズムと宗教的心情に貫かれている。これらの書は大正期から昭和初期にかけて、新教育運動に特異な色合いを提供したのである。また、『エミール』を初めとする海外の教育作品を日本に紹介した功績は、きわめて大きいといえる。

d　その他の出版活動

三浦は彼の前半生の大正時代に教育問題を扱う書を多く手がけているが、それと平行して、ロマンローラン、ドストエフスキー、タゴール、トルストイ、ソローなど一連の文学者の作品を他に先駆けて翻訳・紹介し、日本文学界・思想界に多大な影響をもたらした。三浦は会社や役所などの組織に属す道を断ち、独立した作家の生活に終始した。そのため貧乏生活を余儀なくされつつも、独立した精神生活を貫くことができた。次第に訳書のみでなく、創作書の量を増し、昭和五年にアメリカに渡り精神世界の同志と交流、昭和一五年には上海に渡り（亡命）、ヨガ及び神智学の集会、講義、英文書の発行を行う。昭和二〇年帰国後、神智学協会の日本支部（ロッジ）を設立、かつまた、綜合ヨガの修練のための「竜王会」を昭和二八年に設立（盛時には会員数七〇〇名）。昭和三五年に七六歳で他界するまで、精神世界の指導と著作、講演に打ち込んだ。生涯に亘って多産であり、九〇冊以上の著書を世に出している（田中恵美子「三浦関造」）。

先に挙げた海外の作家の中で、例えば、R・タゴールの『森林哲学：生の実現』（*Sādhavā the Realisation of Life*, 1913）（一九一五年、大正四年、玄黄社）は、日本における最初期のタゴール作品紹介に当たるもので、タゴールの思想紹介の先鞭をつけたものである。三浦は訳者序文で、「偉い人間はこれから東洋から出なければならぬ。吾等はいつまでも西洋の真似はしない。・・・東洋の新文明が真善美の王国を建設する黄金時代の新時代を望む、その時代の先駆者預言者はタゴールである。日本人はタゴールを知らなければならぬ。タゴールを知るには、何人も先ずこの『生の実現』を読まなければならぬ。これは氏の思想の根底を叩いて出てきた組織だった論文で、また詩であり、ラプソディーである」（同上書一〇頁）と述べている。

さらに一つ挙げれば、三浦は、ドストエフスキーの『カラマゾフの兄弟』の最初の翻訳者であることが比較文学者によって検証されている（久保忠夫「カラマゾフの兄弟」の最初の翻訳者・三浦関造氏の死をいたむ）。

三浦の海外文芸書の先駆的業績をここで逐一紹介し、評価する紙数はない。昭和初期のアメリカにおける滞在と活動、及び、昭和一〇年代の上海における滞在と活動、そして、昭和二〇～三〇年代の綜合ヨガ運動についても、記す余裕はない。ただ、彼の深い瞑想から表された詩文（『心の大空』昭和二九年、竜王文庫など）や小説風伝記（『聖者新たに生まる』昭和三〇年、竜王文庫など）は、三浦にして初めて描くことのできた独創的な創作であって、「それまでの日本文学には未開拓の、いわばヨガ文学とも称すべき新たな分野へ先鞭をつけた作品であった」（鳥谷部『畸人、大正期の求道者たち』一八六頁）という文学界上の位地づけ、日本における綜合的ヨガの先駆者、神智学の導入者の地位を示すのみに留める。

このように三浦関造は大正時代を中心に、かつての教師経験に則して教育問題に関心を持ち、『エミール』の翻訳をはじめとする、教育革新に向けた幾多の教育業績を残したのであり、兄修吾と共に大正新教育運動の火付け役であった。

三浦兄弟の教育論の特徴

三浦修吾・関造兄弟は、兄修吾が細身色白で貴公子のような風貌であったのに対し、弟関造は磊落《らいらく》で大柄であり、風貌・性格共に対照的であった。兄が病身で四五歳という若さで他界したのに対し、関造は丈夫で七六歳を超えるまで生きた。兄がほとんど教育界に徹して生きたのに対し、弟は教育界に始まり、文学界、ヨガ世界、宗教界へと活動の幅を広げ、アメリカや中国・上海までその活動の幅を拡大した。年齢差も八歳も離れていた。

このように異なる心身上の差があるにもかかわらず、いや、そうであったがゆえに、互いに惹かれ合い、尊敬し合う面を有していた。そして、互いに以下に述べるように、同質な面を多分に持っていた。

すなわち、これまでの記述で明らかのように、（一）二人は共通の求道者の友を持ち、求道的、宗教的な精神態度、ないしは反俗的態度を人生の基調としていた。（二）二人とも、文筆活動に長け、文芸的・芸術的な面を色濃く有していた。（三）二人とも、語学力（特に英語）に優れ、『愛の学校』や『エミール』などの海外の優れた作品をわが国に紹介し、文壇デビューしている。（四）二人とも、圧制を憎み、貧者や弱者への愛に生きるヒューマニズム（人道主義）の立場を鮮明にしていた。（五）両者とも、教師の経験を有し、教育問題に意識を置き、個性を重視する新教育の立場を貫き、新教育運動の先導者の役目を果たした。

大正時代という日本近代国家青年期において、人道的・霊的・個性的・文芸的教育思想の新風を吹き込んだ三浦修吾・関造兄弟の偉業に立ち返り、改めて現代の教育を見つめる時が来ているのではなかろうか。

註

（註１）『少年団』は、山縣悌三郎によって、明治二一（一八八八）年に創刊された児童文学雑誌の先駆的存在の雑誌であって、翌年には二万部に達する人気のあるものであった（山縣 一九八～九頁）。

（註２）『文庫』とは、『少年団』の好調な出版活動を拡張する形で刊行された雑誌『少年文庫』が、一八九五（明治二八）年に詩歌・小説の投稿を中心とした『文庫』に衣替えし、「文壇新人の登竜門」として発展し、明治文壇に大きく寄与したもの（山縣 二〇四頁）。

（註３）山縣悌三郎（一八五八～一九四〇）は、一八七九（明治一二）年に東京師範学校を卒業し、埼玉県立中学師範学校で理科教論として教壇に立ち、一八八一（明治一四）年に仙台の宮城中学校で教えた後、東京で文部省の博物学教科書の編著に従事し、一八八六年に文部省を辞し、以降在野の知識人として活躍する。様々な教育叢書を企画・出版し、やがて各種の児童文学雑誌を刊行する。また、内外出版協会を経営し、様々な社会問題に取り組む。新教育運動家では、羽仁もと子・吉一編集の『家庭之友』創刊（一九〇三）、下中弥三郎の『青年之友』創刊（一九一〇）などが挙げられる（萩野富士夫「山縣悌三郎論」）。

（註４）泥谷良次郎は、姫路師範学校創設時、教頭としての校長・野口援太郎を支えた。学校の指導原理「理想の教師」や「学規」を定めるに当たり、英国のパブリックスクール的な自由の雰囲気のも

とで家族的で紳士を養成する理念に、泥谷のキリスト教的宗教的信念、それに二宮尊徳の思想を入れている（姫路師範学校同窓会六〜四九頁）。

参考文献

上田祥二・田畑文明『大正自由教育の旗手：実践の中村春二・思想の三浦修吾』（小学館スクウェア、二〇〇三年）
上田祥二「成蹊学園創立期の教育者 ― 三浦修吾」『成蹊学園史料年報二〇〇三年度』（成蹊学園、二〇〇四年三月、一〇七〜一三四頁）
大田三郎編「日本におけるタゴール文献」『アポロン』創刊号、昭和三三年、一二〇-一三五頁
大類純・秋山実編「日本におけるタゴール文献目録」『タゴール生誕百年祭記念論文集』タゴール記念会、昭和三六年、一二一〜三五頁
小原國芳「教育遺産（その五）三浦修吾先生」『教育新時代』第五号：昭和四三年四月、裏表紙
小原國芳編『日本新教育百年史：第八巻「九州・沖縄」（昭和四六年、玉川大学出版部）
小原　同上第四巻「関東」（昭和四四年、玉川大学出版部）
小原國芳「三浦先生について」『学校教師論』（昭和五〇年、玉川大学出版部）
小原國芳『夢みる人１』（玉川大学出版部、昭和三五年）
柏熊達生訳（Ｅ・アミーチス著）『クオレ（愛の学校）』（岩波書店、昭和二七年）
柏熊達生訳（Ｅ・アミーチス著）『クオレ』（三笠書房、一九五〇年）
竿代靖「実務学校の想い出」『成蹊実務学校教育の想い出』桃陰会、昭和五六年、一九三〜二一〇頁

久保忠夫「「カラマゾフの兄弟」の最初の翻訳者の死をいたむ」
（『至上我の光』七三号：昭和三五年六月）
小林一也編著『現代学校教育の源流：明治・大正期の授業・教育実践の構造』
（ぎょうせい、昭和五六年）
四方文吉編『神の人・本間俊平先生』（四方叢書、大正一一年）
『至上我の光』一一号：昭和三〇年二月
『至上我の光』五七号：昭和三三年一二月
A・G・タンスレー著（野口援太郎・三浦関造訳）『新心理学』（教育の世紀社、大正一三年）
成蹊実業専門学校生徒同人『青春の血』（成蹊実業専門学校、大正七年）
教育の世紀社「全国教育家録」『教育の世紀』大正一四年新年号付録
田中恵美子「下中弥三郎先生の御逝去を悼む」
（『至上我の光』第八二号：昭和三六年三月、二九〜三〇頁）
寺崎昌男・前田一男編『歴史の中の教師Ⅰ』（ぎょうせい、一九九三年）
鳥谷部陽太郎『大正畸人伝』（大空社、復刻、一九九五年）
鳥谷部陽之助『畸人・大正期の求道者たち』（彩流社、一九八九年）
鳥谷部陽之助「新教育運動の指導的実践者三浦修吾」
（『至上我の光』第三二六号：昭和五六年七月、六〜一〇頁）
鳥谷部陽太郎「大正自由教育に関する研究余話：三浦関造のことども」
（『至上我の光』第二九八号：昭和五四年三月、一〇から一三頁）
中野光・志村鏡一郎編『教育思想史』（有斐閣新書、一九七八年）
中村春二「三浦修吾氏追悼録の初めに」『母』第七巻三月号、一〜三頁野口援太郎「高等師範が生んだ異彩ある教育家」『修吾全集上巻』
（隆文館、大正一一年、一〜一八頁）
野口先生健碑会『野口援太郎先生小伝』（大空社、昭和六二年）
荻野富士夫「山縣悌三郎小論」『（児孫のために）余の生涯を語る』（弘隆社、一九八七年）
服部真由子『三浦修吾の教育思想』
（筑波大学大学院教育研究科教科教育専攻社会科教育コース二〇〇〇年度第二一期生修士論文）
姫路師範学校同窓会『姫路師範三十年の教育』（昭和六年）
福岡教育大学附属中学校『平成一六年度・学校要覧』
福岡県立明善高等学校『明善学校沿革史』（昭和三四年）
藤原逸宇「姫路時代の三浦先生」『母』第七巻：大正一〇年三月号、二七〜三〇頁
三浦修吾訳（E・アミーチス著）『（教育小説）愛の学校』（誠文堂書店、大正一一年）
三浦修吾『学校教師論』（玉川大学出版部、復刊、昭和五〇年）
三浦修吾『教育者の思想と生活』（大同館書店、大正八年）
三浦修吾『修吾全集上巻』（隆文館、大正一一年）
三浦修吾『真実の教育』（成蹊学校、大正七年）
三浦修吾『生命の教育』（玉川大学出版部、復刻、昭和五一年）
三浦修吾訳（フォッジス著）『第二里を行く人』（成蹊学園出版部、大正八年）
三浦修吾『林檎の味』（大同館書店、大正九年）
「三浦修吾と成蹊教育会」『成蹊学園六十年史』（成蹊学園、昭和四八年、三六九‐三七二頁）
三浦関造『愛は貧に輝く』（萬生閣、大正一四年）
三浦関造「兄の死」『（詩集）祈れる魂』（聖書文学会選、隆文館、大正一〇年）一二七‐一三一頁

三浦関造訳（J・J・ルソー著）『（人生教育）エミール』（隆文館、大正二年）
三浦関造『（社会的の自己実現）教育進化の六千年』（隆文館、大正六年）
三浦関造『教育文学十講』（隆文館、大正七年）
三浦関造『新人道主義の教育』（集成社、大正一〇年）
三浦関造訳（R・タゴール著）『森林哲学：生の実現』（玄黄社、大正四年）
三浦関造訳著（L・トルストイ著）『小学教師としてのトルストイ』（隆文館、大正五年）
三浦関造「弟の見る三浦修吾伝」『母』第七巻：大正一〇年三月号、一八-二六頁
三浦関造『祈れる魂』（聖書文学会編、隆文館、大正一〇年）
三浦関造『大直感力』（竜王文庫、昭和三三年、平成五年）
三浦関造『心の大空』（竜王文庫、昭和二九年、五〇年）
三浦関造『（創作）二人の苦行者』（聖書文学会、大正一〇年）
三浦関造訳（C・ロンブロゾー著）『犯罪と遺伝：個性の教育』（隆文館、大正五年）
村田逸二「三浦先生を懐ふ」『母』第七巻：大正一〇年三月号、三一-三五頁
宮原晃一郎訳（E・アミーチス著）『愛の学校（クオレ）』（新潮文庫、昭和三〇年）
矢崎源九郎訳（E・アミーチス著）『クオレ：愛の学校』（角川文庫、昭和三二年）
矢崎源九郎訳（E・アミーチス著）『クオレ：愛の学校』（偕成社、一九九二年）
山縣悌三郎『（児孫の為に）余の生涯を語る』（弘隆社、一九八七年）

第七章　霊覚者としての三浦関造

三浦関造は、幼い時からのさまざまな霊的体験を通して、また、ヨガの実習を通して、霊的治癒力を習得し、アストラル移動が可能となり、またテレパシー能力や、人の心理的・身体的な状態を直観的に観ぬく力を有した。これらの霊的能力は、真摯な弟子道というべき自己訓練と大救世主への奉仕という三浦の志から生まれたものであり、霊的能力を金銭に還元したり、自己の権威増大に活用したり、会の拡大に利用することはけっしてなかった。その類いを神智学は固く禁じており、三浦もそのことを自覚し、固く自戒していた。しかし、三浦の全体像をとらえようとする本書の目的からは、どうしても三浦の霊性の発露について触れざるを得ない。

そこで、ここでは、三浦の顕著な霊的治療現象と、生涯を通して三浦に顕れたさまざまな霊的現象を広く取り上げたいと思う。その過程で、三浦の全体像が得られるとともに、彼の生涯が再度振り返られることになるであろう。

一　生涯に伴う霊的体験

三浦関造は、幼い時、「だれか知らないよい人」の呼び声を聴き、一三歳の晩秋に、「どんな貧乏でもよいから詩人のような聖者になる」と心に決めたとき、「神聖な者に愛されているというインスピレーションに背骨が振動して、脳裡に聖火が燃え上がる」体験をした。聖者のような兄の薫陶を受け、一四歳の時に森の中で、兄修吾に、神に選ばれた者は、まず大きな試練を受けることを告げられる。一六歳の夏、父の臨終と死に接し、生死の問題に直面した。三浦は自宅の土蔵にこもってこの問題に苦しみ日夜悶々としていた時に、キリストを霊視し、「選ばれた真理のみたまよ、不死の我ここにいる！」との圧倒的な光景に接し、霊的に目覚める。

成人してからは、子供たちの長所と善性を育てる教師となるとともに、修養につとめ、数々の霊性を高める英文書を読み漁り、やがて、上京して、青山学院神学部で神学を学び副牧師となって、弘前の教会に赴任するも、既成の教会の方針に合わず、帰京する。青山学院卒業後に、ルソーの『エミール』を翻訳発行し、多大な反響を得たのを皮切りに、その後、ロマンローラン、ドストエフスキー、トルストイ、タゴール、ペスタロッチなどの霊性を高める書の翻訳発行を行い、読書界に衝撃を与えた。また、数々の教育学に関する書を著す。やがて、生活のために翻訳出版する道を捨て、詩人としての彼の本性に立ち返ろうと、大正一〇（一九三五）年、詩集『祈れる魂』を出して、創作への道を歩みだす。

そして、大正一五（一九二六）年から各地で講演旅行を行い、聴衆に感銘を与え続ける。満州事変（昭和六年）以前の、三浦が若いころ、三浦は全国の教育会や中学校に講演旅行したが、岡崎の師範学校で講演し、校長と会話した折、校長夫人が約一年間寝たきりであるとの訴えを受けた。三浦は校長宅へ赴き、右手で布団の上から、夫人の全身を二度、二分間くらいなでて座敷に戻って校長と話をしていると、夫人は起き上がってリンゴとお茶を持ってきてお礼を述べた。一年後、再び同じ学校で講演をしたところ、学校の玄関に立つ「血色の良い肉付きのある立派な」、健康を回復した同じ夫人に出迎えられた（竜翁「断片話」『至上我の光』六四〇号・平成二一年三月発行）。

三浦は、アメリカの神智学協会などの霊的指導者たちとの交流と講演を行うべく、昭和五（一九三〇）年に渡米の途につく。このとき船内で、医師から見放された富豪ロックフェラー家の子供などの病をいやし、そのおかげで、厳しい検査による上陸阻止が解除され、アメリカに入国、初志を果たすことが出来た。アメリカのホテルに宿泊中に中風で六年間も寝たきりであったホテルの支配人をいや

霊的治療中の三浦関造(昭和３４年)

したこともあった。アメリカではM・ドウリルやウイリアム・ペリーらの霊覚者と交流し、神智学等の教えをさらに深く学んだ。約二年間のアメリカ講演旅行を終えて帰国すると、三浦は時の人として迎えられた。帰国後、全国各地で講演旅行し、満州、朝鮮、台湾にも足を運ぶ。一方国内では、日本の神道や仏教（密教）の真髄を研究し、霊的指導者たちと交流する。国際的緊張の中、三浦は日本が米国と戦うことのおろかさを訴えたために、海軍からにらまれ、三浦を理解する陸軍首脳によって亡命という形で上海に送られ、そこで神智学等の神秘学を五年間、英語で外国人に講演し、英文書を何冊も出版する。昭和一四年、三浦は、満州で軍務に服していた三男・日朗を三浦が突然訪れて励ましたり、その言論態度をとがめられて、憲兵にはげしい暴行を受けていた四男・雷造のもとに忽然と顕れ、憲兵をとりなして、雷造を奇蹟的に釈放させた。これは、三浦のテレパシー的な能力があってはじめて可能になったことであった。

終戦後、六二歳の時に三浦は帰国し、進駐軍の機関紙『星条旗』のストーリー・テラーを約二年間つとめる。戦前に出版したものがとがめられ一時公職追放となるも、蔵前工業会館で米軍の神智学徒や仏教徒をはじめとする外国人識者や日本の外務省関係者などに、英語で神智学の真髄や神秘学について講演し、これを二年間ほど継続し、神智学会ミロク・ロッジを結成した。京都・鞍馬寺の信楽管長と交流し、ウエサク祭など、鞍馬山にまつわる伝統行事などの神智学的意義を伝える。実業家として失敗続きの三浦の五男七朗が二五歳の時、三浦が彼を鞍馬寺にさそった。七朗は断食修行中の瞑想中に、神殿での荘厳で神秘的な光に包まれる体験をし、その後の人生が好転したこともあった。三浦七〇歳のときの昭和二七（一九五二）年に、ヒマラヤのヨガ聖者たちの伝記を紹介する『幸福への招待』を発行し、その読者たちを擁する「竜王会」を結成し、日本人に綜合ヨガと神智学を普及すべく講習会や講演を行い、多くの人が霊性に目覚めるとともに、会員の霊的治療もなされた。

　愛弟子稲田年男は、竜王会の第一回講習会が群馬県妙義山で行われた際に、そこへ赴く途中の列車においてアストラル体の三浦に遭遇し、妙義山では、三浦の黄金色の神像に包まれる状況を霊視したり、上野の禅寺における講習会で、悩んでいた中指の瘭疽《ひょうそ》が三浦による治療でたちどころに治ってしまうことがあった。また、三浦は深い瞑想中にアストラル体でチベットの大師に会いに行ったり、シャンバラに行くことも通常であった。『至上我の光』には、三浦自身のヒマラヤへのアストラル飛行体験のみならず、会員の瞑想中の同様の体験や三浦の写真を仲介としての治癒体験報告が載せられている。たとえば、（山口県？）小野田市で綜合ヨガの集会を開いていた医師の瀬尾政は、瞑想中アストラル体で光となってヒマラヤ山中をただようちに、半円を描いて瞑想する一群の僧侶の姿や、結跏趺坐する釈迦如来の黄金の像を目撃した（『至上我の光』第四〇号、昭和三〇年一〇月発行）。また、弘前の自宅で、三浦の写真を正面にしての瞑想中に、写真の眉間から光が勢いよく放射されるのを観た体験、治療室に置いた三浦の写真を凝視して祈った時に、一、三分の精神磁力治療によって迅速に、奇蹟的に完全治癒された体験、満身創傷の肉体が死線を超えて生きながらえた喜びの体験が載せられている（『至上我の光』第三九号、昭和三〇年一〇月発行）。

二　愛弟子・西尾靖子の体験

三浦の愛弟子《まなでし》で、昭和三〇（一九五五）年一二月から三四年一一月まで一五回の三浦の講習を受け、大阪支部長として三浦直伝の綜合ヨガを指導していた西尾靖子（平成三年六月没、享年六六）は、三浦関造追悼号（『至上我の光』第七二号、昭和三五年五月発行）の、「三浦先生の御顔に現れた十字架」で、三浦への焼香《しょうこう》のため、三浦の自宅を訪れた際の報告を次のように記している。

「お焼香の為、先生のお写真の前に坐りますと、「西尾さん、私は悲しい！」と今にもお声が聞こえてくるような、お悲しみの表情の先生でした。そのお写真を前にして、私も悲しさがこみ上げてきました。胸がかきむしられるようだし、押しつぶされるような、何とも申し上げようのない苦しみに満たされてしまいました。そういう気持ちの中から私は「先生！　お別れにまいりました」と心の中で申し上げながら、お顔をじっと見ておりますと、先生のお顔に苦しみの色が益々深くなってまいりました。苦しみ続けるお顔のひたいに，横に一線、眉間を中心に頭のてっぺんにかけて一線、一センチメートルほどの幅で十字架がくっきりと描かれました。その十字架はいつまでも消えません。

私は思いました。これは心から先生をお慕いするまじめな学徒に別れるのを悲しまれてのなげきと、大救世主につながれることが出来ずに、苦しみながら落ちていく人々の苦しみをお現し下さったのであろう。また私がそういう人々を救うための努力をするようにとの最後のみ教えであろうと、私は激しい悲しさ苦しさを抑えながら、このことを私の胸に深く刻み込みました。三浦先生のみ教えをそのまま人に伝え、先生の魂を通じて、大救世主につながり、お仕《つか》えすることを一学徒として、最後にお誓いして、正に生きていらっしゃる三浦先生のメンタル体とご一体のお写真の前からさがりました。

その後教会でのお別れのご挨拶をした時にも、式が終了した後、ひとり最後のお別れにお写真の前に立った時にも、お顔の十字架は変わることなく、そのままはっきりと私の目に映りました。

私はかつて（兵庫県？）麻耶山の講習会の時、三浦先生の講義を拝聴しておりました時、先生の頭から何かがムラムラと出て大空に広がったかと思うと、青く澄み渡った大空に、大きな大きな先生の姿が現れて、そのお足の方が、お話をしている先生の頭につながっていられるような感じで、その荘厳さに打たれて、そのお姿を暫《しばら》く見つめておりましたが、まもなくそのお姿は消えてしまいました。先生は私の方を特に見つめておられるように感じられました。その後二ヶ月ばかりたってから、このことを先生に申し上げますと「それは私のメンタル体を見られたのです」と申されました。

私はこういう異象を見るときは、眼を開けたまま見ます。このたび見たお写真の十字架も、眼を普通にあけてお写真に見入っているとき現れたもので、先生がこの時もメンタル体をもって、私をおさとし下さったものであると信じて疑いません。

あのお写真は、先生のお写真の中で、最も新しいものだそうでして、ご病気中に撮られたものでしょう。それを告別式に選定するについては、そのお写真は、どうもぼんやりしているから他のものにしようという方のほうが多かったそうですが、どなたか、断然それにしようと主張されたので、あのお写真に決まったのだということを後で聞きました。私にとってはありがたいお写真で、一生忘れることのできない印象をいただいたことを喜んでおります。

私はあとで、あのお顔の十字架のことを考えますと、先生は深い体験に進まれておられること、キリストとの関係があるのではないかということが気になりまして、帰阪してから岩田様にお話しいたしましたらば、岩田様から次のようなお話を伺うことが出来ました。

岩田様は大阪支部から三浦先生ご永眠の通知をいただいたその朝 ―― まだご永眠を知らないときに ―― 目をさまして床の上に坐った時、三浦先生はどうしておられるのだろうと思ったら、キリスト様のお姿 ―― 胸から上のお姿が目の前に現れた、それはよく絵で見たお顔とはだいぶ違っていたそうです。そのキリスト様を見ているうちに「三浦先生はキリスト様のみもとに行かれたか、キリスト様と合体されたにちがいない」という信念に充たされた、ということでした。

岩田様からのお話からもわかるように、私は三浦先生が引き続いて私どもをお護り下され、お導き下されて、私どもに正しい道を歩まして下さることを確信いたします。

末筆ながら、奥様のおなげき、ご家族様方のお悲しみを心よりご推察申し上げ、今後は、どこからともなく、先生の一層のご慈愛が皆々様の上に放射されますことを深く深くお祈り申し上げます」。

三浦関造氏のお墓
西武新宿線の小平駅に隣接する小平霊園の24区3側12番にある。

おわりに

この書において、綜合ヨガの創始者であり、天性の霊性的詩人であり、文筆家、翻訳者、そして教育者、霊覚者でもある三浦関造の多彩な活動を通して、彼の諸方面で果たした先駆的役割について記してきた。その働きは、まことにニューエイジの到来を告げるラッパであり、「一粒の種」であり、その実《み》は現代に豊かな稔りをもたらした。

この書を通して、読者諸氏がこの先駆者から学び、少しでもこの書が自己啓発の参考になれば、編著者の悦び、これに尽きる。この書を編むに当たり、賛同と協力をいただいた竜王会理事長鈴木利信、竜王文庫社長・原忠氏に衷心から感謝申し上げる。特に写真配置などでお世話になった。また、会長の大島七郎（一慶）氏をはじめとする三浦家のご子孫に改めてご挨拶申し上げたい。そして、以前、三浦関造の教育面の調査をしているときに、竜王会会員の故海崎三智雄氏及び、島根県安来市在住の宮本道代様に資料の提供で大変にお世話になった。改めてここで感謝を申し上げたい。

平成二七（二〇一五）年晩秋

編著者・岩間　浩

付属資料

一　「種子蒔《たねま》き」の喩《たと》え

この話は、三浦関造の竜王会講習会での講話内容の録音を起こしたものである。三浦の没後一女性がこの録音を三浦の後継者である田中恵美子のもとに持参し、三浦の弟子・西尾靖子が活字に起こし、私費で冊子として著したものの再録である。

内容は、まさに、三浦が意図した綜合ヨガの骨子となるものであった。そこで、この講話文章を本書に収録し、綜合ヨガの基本的内容理解の一助としたいと思う。

☆

ヨガというものは、種から芽が出るようなものです。或る日農家のおじさんが豆（大豆）を蒔《ま》きに行きました。その道の途中で道端に大豆を一粒蒔《ま》きこぼしたといたします。そのまま向こうの方に歩いて行って砂っ原にも二粒三粒こぼれたといたします。まだその向こうの雑木林の方へと歩いて行って雑木林の中を通っているときに二粒三粒こぼしたといたします。そこを通ってまだそこの向こうの方にある畑に行って耕された土地に豆を蒔いたといたします。

そうすると、どうなるでしょうか？　道端に落とした種は人が踏んづけるでしょう。誰も拾わない。もしかすると鳩が飛んできて食べて逃げてしまいます。

砂っ原に落ちた豆はどうなるか、といいますと、雨が降るとすぐふやけて陽が照るとからからに乾いて死に絶えてしまいます。

藪《やぶ》の中に落ちた豆はひょろひょろと背を高く伸ばしますが、花も咲かず実もならずそれでお終《しま》いです。

よく耕された畑に蒔いた種（大豆）は、良く成長して花が咲き実ります。ヨガというものは喩《たと》えてみればそういうものです。皆さん、お互いに今日豆になりましょう。

どんな豆でも植えると芽が出ます。大豆ばかりではありません。すべて桃でも柿でもなんでも種をまくと芽が出て茎が伸び花が咲き実を結びます。種子の中には胚種が隠されており、どの種にも胚種が秘め隠されています。道端に落ちた種や、藪の中に落ちた種は、たとえ芽が出ても枯れてしまい、花は咲かぬし、実はならず、ということになります。

さて、このヨガというものは、すべての人が自分の内に（自分の体の中に）豆の種から芽を出す胚種のような具合に、自分の内にヨガの法則というものが隠れております。それが出てくると大変幸せな結構なことになりますが、芽は出たがすぐ陽が照りつけて芽が枯れるとか、芽は出て茎《くき》はのびたが花は咲かず実はならぬ、というようなことではせっかく、中の方に潜んでいる胚種はなんともならない。それと同じように人間もまた、自分の内に大変に尊いものを持っているけれども、せっかく芽は出ても、それっきりでお終いになる人がたくさんおります。うまくいけば花が咲き実がなるように、人間の一生涯は花咲き実って、本当に恵まれた幸せなことになります。ヨガというものはそういうものであります。

さて、いったい、ヨガというものはそういうものであるならば、第一、お互いのうちに隠されている胚種とは、どんなものだろうか？　ということをまず考えてみなければなりません。そしてその次に、もっと大切なことを考えなければなりません。砂っ原や道端に落ちた大豆は何にもならないと申しましたが、そういう具合にヨガの話を聞いても何にもならない人がある。「あっ、一寸ありがたいことがあった」と言って、大豆から芽が出たような具合に一寸喜ぶが、それっきりでお終いになる人がおります。藪の中に落っこちた大豆のようにどんどん芽が伸びて「なるほどこりゃー大変なことだ」と言っても花が咲かぬ、実もならぬという人もいます。いったい、どういう訳でしょうか？　藪の中を考えてみますと、藪の中にはいろんな草（雑草）があり、木がある。そして陽が通らない。芽が出ても茎がひょろ長くなるだけで、一向に花も咲かぬし実もならぬ、というような具合の、そういう人は世の中にたくさんおります。

では、どういうことであるか、というと邪魔者を恐れるからです。邪魔者はどこにいるかというと、自分の心の中にある。どういうものが邪魔ものであるかというと、心配ばかりしている。また、人が何か言うとすぐそっちの方に引っ張られて行って心が変わる。何か困難なことが少しあると、またそっちのこと考えて、心配ばかり、取り越し苦労ばかりして、ヨガをいつの間にか忘れてしまっている。心配、人から何か言われると気が変わる、不安な気持ちが起こってくる。ちょうど太陽の陽が照らないように影法師のように気持ちが暗くなる。憔悴《しょうすい》する、恨む、憎む、そういう風な心は、藪の中で陽が当たらないで、せっかくの大豆が芽が出るように、私たちの心の底から尊いもの、大変えらいものが芽を出しかかっても、それっきりになってしまうようなものです。そういう風な種類の人が一番多いのです。砂地や道端に落ちた大豆のような人もおりますが、このような人は少ないので略しておきますが、そういう具合ですから、ヨガの教えが一向に自分のためにならないのではなくて、本当にヨガがわかって、ヨガで教えられているように、物事を良く考えてやっておれば、きっと良い結果が出るのだが、気が弱く、意志が弱く、ふらふらしているから、せっかく良いものをわが内に持っていながら、その良いものが芽を出すようにと話を聞いていても、それが育たないのです。そこで、ヨガを行うについては、大事なことが五つあります。

一、呼吸

ヨガをやるということは、その初めに自分の体の中に（心の奥底の方に）神様の性質がある、ということを知らねばなりません。ヨガは呼吸ということを言いますが、人は誰でも呼吸をしていますが、ヨガで呼吸を行うときは、やり方が違います。一日の内に五分間でもよいし、十分間でもよいから気楽に坐って、心配や、人を恨んだり、怒ったり、悩んだりする心をみな放ってしまって、のんびりとした気持ちになって、気楽に坐って息をしなければなりません。その息をゆっくりと長く吸います。ぐーっと深く息を吸って、下腹まで膨らむように息をして、次に留めておきます。しばらく留めて息を出すときはそーっと出します。たくさんの息を吸って下っ腹までふくらまして下っ腹呼吸をします。その時に頭が良くなっていきます。眼が悪い、耳が悪い、鼻が悪い、何やかんやと、どこそこが悪いというのは頭が悪い（病気で頭が曇《くも》って）のです。頭が悪いから頭の働きを良くするには、息を長く吸い込まねばなりません。そして留めておきます。しばらく留めておき、苦しくならない程度に留めておいて、そーっと息を出します。息を出すときに頭の働きが良くなって健康になりつつあります。

世間には体の弱い人がたくさんおりますが、体の弱い人は、考えなくてもいいことを考えて心配ばかりしている、あるいは恐れている場合がある。もしも肺病になったら等といつも恐れている。恐れたら病気は治りません。癌も恐れたら治りません。病気というものに人間はかからなくてもいいんです。恐れたり、心配したりするから病気は喜んで入り込みます。それでゆっくりと息を吸えば頭が良くなる。息を留めている間に不思議な神秘的な働きが体に起ってきます。

神様の御利益といい、神様のお力というものは神秘的なもので、息を留めておかないとその働きは起こってきません。そしてそーっと出すときに体の働きが良くなります。病気が治るのもそれです。で、そのように呼吸（息）をやるにはどの位の間やれば良いか等、おおよそ決まってますが、最初はそれは知らなくてもよいから、ゆっくり吸って、しばらく三秒か四秒の間留めておいてそーっと出します。これを十遍も二十遍も三十遍も行い、自分が呼吸していることが解らないようになればもっとも良いのです。これを五分間十分間と行います。

二、マントラムと呼吸

ところがヨガでは呼吸呼吸と言いますが今申しましたように、ゆっくり深くたくさん息を吸って、留めておいて出す、ということだけでもいけません。もう一つ大切なことがあります。「息」ということは、本当のことを言いますと、私ども神様のいきを吸っているんです。英語でインスピレーション（Inspiration）、これは霊（Spiro）を吸い込む（in）ということです。その意味は、神様の霊が私たちの心の中に流れてくる、ということです。息を吸うということは、神様の霊を吸い込むということです。それでその心持で呼吸しなければ効果が半分になります。

「ああ、有難い。神様の霊を、今吸わせていただいている。神様の霊を吸えば自分も神様になる。自分の心の中には神様と同じ性質が隠れている。それが目を覚ます。目を覚ませば良くなる。（無くなる）。貧乏もなにも消えていく。一切の困難に打ち勝つことが出来る。正しいことが解ってくる」と思って神様の霊を今吸わせていただいているのだ、と思って吸わなければいけないのです。その心持を表す言葉があります。「ああ、神様有難い。あなたの霊を吸わせていただいて自分もこれから神様になります。」という祈願のことばがあります。その願いことば「オウム」（マントラム）を、息を吸うときに声を出さずに、心で唱えます。息を吸いながら「オウム」と心で唱えながら吸います。そして留めている間も「オウム」と唱えます。息を出すときには少し声を出しても良いです。やはり「オウム」と唱えます。これが一番簡単な行い方です。次にもっと詳しい唱え方を申します。

オウム、（下腹までふくらまして息を吸う）
マニペードム（息を留める）
オーム。（ゆっくりと息を出す）

このお唱え（呼吸）の意味は、実に不思議な意味があり、声に出さずに心で唱えていればよいのです。心で唱えていれば、心の響きが私たちの体の奥底にしみこんで、体の中から魂の胚珠が芽を出します。そうして運が良くなる、体が健康になる。幸せになります。これが私どもヨガの修行をする最初のものです。

三、マントラムの意義

豆の胚種が見事に発芽して、花が咲き実がなるような具合にヨガの修行を進めていかねばなりません。それには何が大切かと言いますと、経典にこういうことが書いてあります。

一、「熱誠」次には「マントラムを唱えること」

先の申しましたオウム、マニペードム、オームというのがマントラムですが次のように唱えます。

オウム、マニペードム、オーム
オウム、タットサット　オーム

声を出して唱えてよいです。マニペードム、とタットサットは小さく唱えます。この言葉の意味は、「至高者の歌（ギータ）」という経典に説明してあります。「オウム」というのは神様や大師方に呼びかける言葉で、「オウム」という言葉でなければ神様に通じません。この本当のお唱えをしてください。このお唱えで不思議なことが起こってきます。

マニペードムとは何のことか、と言いますと、蓮の華《はな》の中の宝の珠ということです。その蓮の華は、あの池に咲く蓮の花ではなく、私共の頭の中に咲く光の華なのです。私、三浦は毎朝、三時から六時までに起きて呼吸をしてマントラムを唱えて、そして瞑想しますと光の蓮の華（マニ・光明）が美しく花びらを拡げて咲きます。自分の頭の中に広く大きな華の咲くのが目をつぶっていて見えます。この頭の中に黄金の華が咲くのを「魂の窓が開ける」といいます。「オウム」を唱えていると、それが開けてきます。

それほど「オウム」という言葉は大切な言葉です。「オウム、マニペードム、オーム」は、「ありがたい！ 神様、私の頭の中にも神に通ずる光の蓮の華を咲かせて、魂の窓を開けてくださいました。ありがたい！」ということです。

次に、「オウム、タット、サット、オーム」の意味は、「ああ、神様、これこそありがたい、本当のことです。このようにありがたいことはありません。ああ、神様」ということです。これを唱えよ、ということは昔から教えられ、今もずーっと実行されています。ヨガ修行は、あのように呼吸（一、呼吸）をし、このようにマントラム（二、マントラム）を唱えます。三、熱誠、四、瞑想、五、大救世主に献身奉仕すること。

次は「熱誠」です。藪の中、道端、砂っ原に落ちた豆はとうとう花も咲かず実もならずに終わってしまいますが、私どもはそうあってはなりません。そのためには「熱誠」でなくてはなりません。なまけては駄目です。「熱誠」にすれば心の中から、体の中から神様のお力が芽を出します。それからもう一つあります。

私どもは一日に一遍か二遍、あるいは三遍くらいは、二分間でも三分間でも良いから「気楽になること」です。心配事があるときでも、その時だけは心配を放ってしまうこと、心配したってお金はもうからないし、心配したって病人は治らない。かえって病人は悪くなる。心配事は放ったらかしてしまって、神様と二人きりになる。神様が自分の内に現れて下さるから、何も心配しなくてよい、という気持ちで心配をやめてしまって気楽になることです。これを「瞑想」といいます。これが出来なければ、瞑想というものは出来ません。瞑想というものは、やればやるほど深くなってくる。不思議なお力と、お光をいただき、すぐ智慧がわいてきますが、それが瞑想の入り口です。

次にもう一つ大切なことがあります。ヨガというものは、大救世主に献身奉仕をすることです。私どもは大救世主の中に生きております。ちょうど、この空気の中に生きているように、見えない大救世主の御意識の波の中に生きております。同時にまた、救世主の御性質が私どもの体の中に隠されています。

大救世主は外側に自分の心を拡げておいでになります。そして私どもの体の中に、その御性質を秘め隠しておいでになります。これが私どもの胚種です。

私どもは救世主の胚種を持っている。その救世主の胚種を出すには、今申した五つのことが大切です。

一呼吸
二、マントラムと呼吸
三、熱誠
四、瞑想
五、大救世主に献身奉仕すること

四、マントラムのまとめ

一、オウム

ただ一言、「オウム」も神聖なマントラムで、修行者が神に呼びかける音である。マントラムを音を出して唱えると、肉体から振動がアストラル界に伝わる。音を出さないで心で唱えると、アストラル体に振動が起きて、魂に好影響を及ぼす。

二、帰依のマントラム

オウム、マニ、ペードム、オーム

オウム、タット、サット、オーム

意義

「ありがたい、神様、私の頭の中にも神に通ずる光の華を咲かせて、魂の窓をあけて下さいました。ありがたい！」

「ああ、神様、これこそありがたい本当のことです。このようにありがたいことはありません。ああ、神様」

帰依のマントラムは声を出して唱えても、声を出さず、真言で唱えてもよく、歩きながら、仕事をしながら、いつでもどこでも唱えてよいとされています。

三、光明マントラム（または宝珠マントラム）

オウム、アモギャー、ヴァイロキャーナ、マハムドラ、

マニ、ペードム、ジュヴァラー、プラヴァルスターヤー、ウーン

意義
「オウム」、というのは救世主ということで救世主に帰依《きえ》するということです。

「アモギャー」、は諸仏天使が天下って守り助けて下さるということで、アモギャーと言ったときにすでに守り助け下さっている。

「ヴァイロー、キャーナー」、と唱えたら響きがひびいたときに、私どもは大日如来の不思議な神力がわが身にこもっている。

「マハムドラ、マニペードム」。私どもは胸の中の胸腺か、頭の中に光の華が咲いている。弘法大師の言われた「空海の心の中に咲く華は弥陀より外に知る人ぞなき」と詠われたその通りで、心の中より身体の中に光の華が咲いている、ということです。

「ジェヴァーラー」、と言ったときにパッと私どもは光を出す。どこから出すか、というと頭から出す。頭から出す光が一番尊い。頭から出てくる光は身体中に漲《みなぎ》る。イエスは「一つの目、明らかならば、全身光に満たされる」と言った。一つの目とは頭脳中心で光の出るところ。光で体の毒素が消えていく。身体が清まる。

「プラヴァルスターヤー」、とは、満願よろずの願いごとが皆んな成就する、満願成就。

「ウーン」。悪魔や邪気、悪霊がことごとく消え去る。消え去ってしまう。

このマントラムを八大神力を展開する、八大神力の現れる大光明マントラムと言います。

集会や集まったとき、皆さんと一緒に声を合わせて唱える。一人で唱えるときには声を出さず心の中で唱えます。


——（完）——

二　三浦家家系図

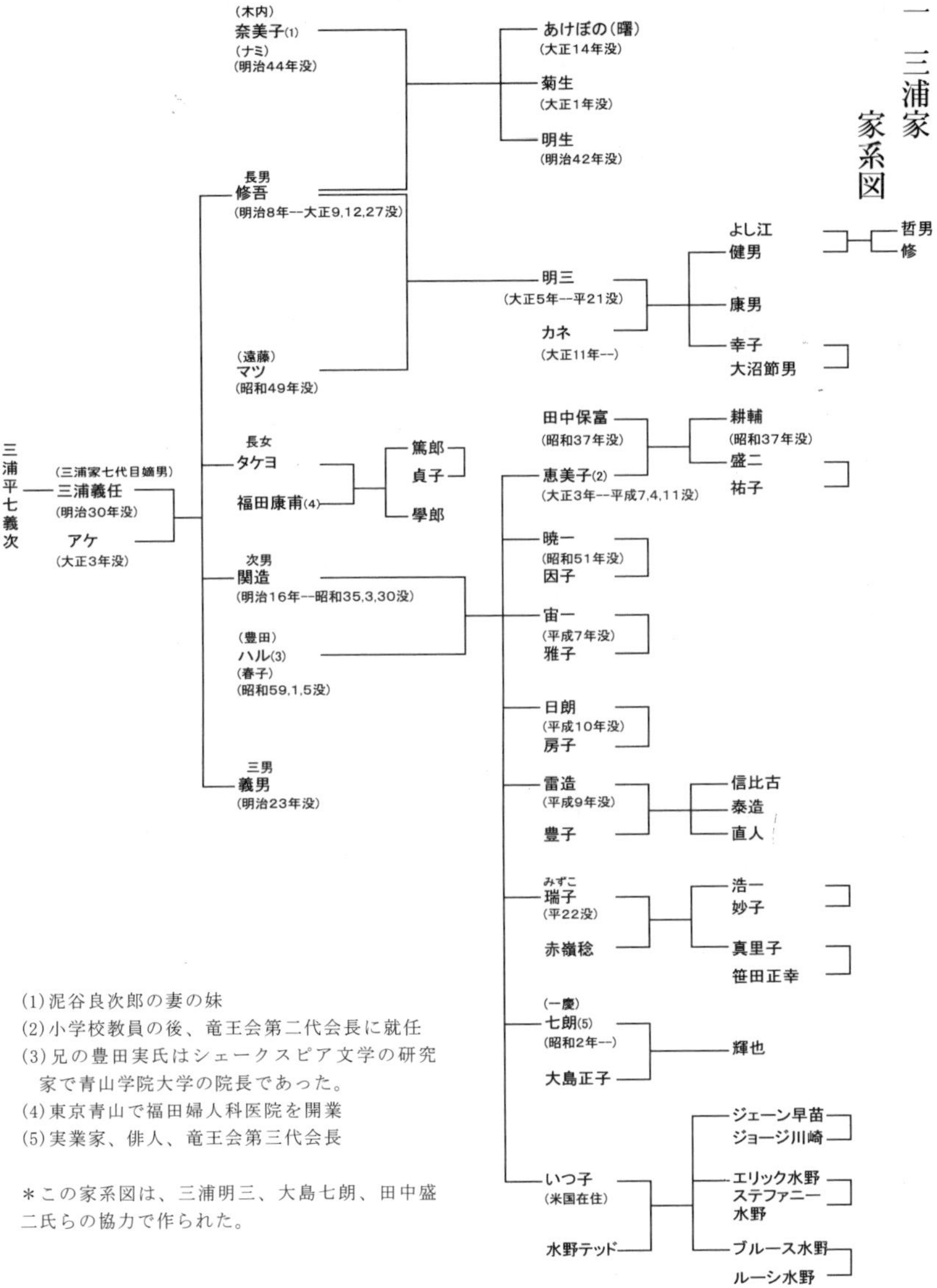

(1)泥谷良次郎の妻の妹
(2)小学校教員の後、竜王会第二代会長に就任
(3)兄の豊田実氏はシェークスピア文学の研究家で青山学院大学の院長であった。
(4)東京青山で福田婦人科医院を開業
(5)実業家、俳人、竜王会第三代会長

＊この家系図は、三浦明三、大島七朗、田中盛二氏らの協力で作られた。

三浦家家系図(岩間浩作成)
岩間浩著、『ユネスコ創設の源流を訪ねて
—— 新教育連盟と神智学協会 ——』(学苑社)より転載。

三　三浦関造年譜（著書リストを中心にした）

次に、三浦関造生誕百年記念大会の折に作成された三浦の著書を中心とする年譜を基に、三浦自身及び近親者の事項も入れつつ、彼の生涯に関する年譜を示す。

年代	出来事
明治一六（一八八三）年七月一五日	福岡県浮羽郡千年村若宮で村役場に勤める三浦義任とタケの次男として生まれる。
二三年四月	尋常小学校入学（四年間）
二七年四月	高等小学校入学（四年間）
二八年四月	兄修吾、福岡師範学校に入学
三一年四月	福岡県立福岡師範学校に入学
三二年	兄修吾、東京師範学校に入学
三三年七月	父義任他界、関造、キリストを見る（一六歳）
三六（一九〇三）年	福岡県朝倉郡杷木高等小学校（後の福岡県立朝羽高等学校）に教師として赴任。同年、兄修吾、鹿児島師範学校に赴任。
三九年	兄修吾、姫路師範学校（野口援太郎校長）に転職。
明治四二（一九〇九）年	青山学院神学部に入学（二六歳）。
四四年	家庭小説ビヨルンソン著『喜び』（彩文館）翻訳発行。
四五年	モールトン著『世界文学としての聖書』（スミヤ書店）翻訳発行。

大正二年三月　同年、兄修吾、アミーチス著『愛の学校』（クオレ・子供のための本）翻訳出版し評判になる。
（このころ、母アケと、修吾の子あけぼのを引き取って共に住む。）

二年一〇月　青山学院卒業(三〇歳)。同年四月六日、豊田ハル（春子）と結婚。弘前のキリスト教教会に副牧師として就任。

三年三月　ルソー著『エミール・人生教育』（隆文館）翻訳出版。
三年四月二日　ロンブロゾー著『個性教育・犯罪と遺伝』（隆文館）翻訳出版。
三年六月　トロウ（ソロー）著『反抗の義務』（更新文学社）翻訳出版。
弘前の副牧師を辞め、のち文筆を業とする(青山南町六―五)。
長女恵美子誕生。このころ、母アケ他界。
ロマンローラン著『ジャンクリストフ・闇を破って』（警醒社）翻訳出版。

【大正三（一九一四）年八月～大正八（一九一九）年一一月　第一次世界大戦】

三年一〇月　ドストエフスキー著『カラマーゾフの兄弟』（二巻）（金尾文明堂）翻訳出版。
四年二月　タゴール著『森林哲学・生の実現』（玄黄社）翻訳出版。
四年四月　トルストイ著『人生』（玄黄社）翻訳出版。
四年五月一日　長男・暁一、誕生。
四年六月　センキウィッチ著『ハニヤ』（東文堂）翻訳出版。

四年六月　タゴール著『タゴール詩集・伽陀の捧物』（東文堂）翻訳出版。

四年一〇月　編著『タゴール観・佛基両教の接触とタゴール』（城南社）出版。

四年一二月　編著『（森林文学）生と自然』（ソロー、ホイットマン、バリース、ハズリットらの詩文集）（春秋社）出版。

五年四月　カーペンター著『天使の翼・生に徹する芸術』（更新学社）翻訳出版。

五年六月一八日　次男・宙一誕生。

五年一一月　『（神秘主義）埋れし世界』（更新文学社）出版。

六年一月　兄修吾、成蹊学園の中村春二に招かれて上京、同年に成蹊学園出版部から『学校教師論』、翌年に『真実の教育』出版。

六年一月　『小学校教師としてのトルストイ』（更新文学社）出版。

六年五月　S・H・ウェインライト『科学より宗教へ』（日本基督教興文協会）出版

七年二月　クロポトキン著『革命の港より』（文昭堂）翻訳出版。

七年一〇月七日　三男・日朗誕生。（このころ青山から豊島区巣鴨宮仲に越す。しかし間もなく、SH会主義者たちとの交流が疑われて、三軒茶屋に越す。生活苦状態。）

七年九月　『社会的の自己実現・教育進化の六千年』（隆文館）出版。

七年一一月　『教育文学十講』（プラトン・コメニウス・ルソー・デューイ・山鹿素行などの教育思想の吟味）（隆文館）出版。

八年九月　『日本道徳と最近社会思潮』（隆文館）出版。

八年一〇月　東洋汽船の嘱託として半年間ほど勤める。一家は横浜市神奈川区柳町九八八に越す。関造三六歳。

【大正八（一九一八）年から大正九年、スペイン風邪が大流行。】

八年一二月　一家は全員罹病。関造は看病で肺病に。

八年一二月　ストリンドベルヒ著『新生の曙』（天祐社）翻訳出版。

九年二月　ウェルズ著『新エミール』（隆文館）翻訳出版。

九年一二月二七日　カーペンター著『天使の翼・人間改造と芸術』（天祐社）翻訳出版。

一〇年二月一四日　兄修吾、結核で他界（四五歳）。

一〇年三月　四男英彦生まれるも七月三〇日に他界。

『ウエルズの神秘主義・現代宗教哲学の革命』（天祐社）出版。

一〇年四月　ブラスコ・イスパニエズ著『沈黙の騎手』（天祐社）翻訳出版。

一〇年六月　『新人文主義の教育』（集成社）出版。

一〇年、一一年ころ　「ローレライの歌」「庭の千草」「アンニーローリ」等を翻訳（『西洋民謡集』）出版（出版社不明）

一〇年七月　詩集『祈れる魂』（聖書・文学会選）（隆文館）を出版し、翻訳から創作へ転じる。

一〇年一二月　兄・修吾と弟・関造との関係を中心とする自伝小説『二人の苦行者』（隆文館）出版。

一一年一月二二日　第五男・雷造誕生。神奈川県平尾前（東神奈川と伯楽の間）に移る。

一一年五月　戯曲『基督の誘惑』（真理書房）出版。

一一年七月　創作『親鸞』第一部・第二部（京文社）出版。

一二年六月　創作『革命の前』（隆文館）出版。

【昭和一二（一九二三）年九月一日、関東大震災発生】で自宅はほぼ全壊。しばらくして鶴見東寺尾に移る。

一三年三月三日　次女・瑞子生誕。

一三年一二月　タンスレー著（野口援太郎共訳）『新心理学』（教育の世紀社）翻訳出版。

一四年一月　『旧約聖書物語』（金正堂）出版。

一四年五月　『聖者新たに生る』（万生閣）出版。

一四年七月　『新約聖書物語』（金正堂）出版。

一四年一一月　『愛は貧に輝く』（万生閣）出版。

一四年　この年、月刊同人誌『自然』発行。

一五年　講演旅行を始める。

一五年三月　（創作）『甦る受難者』（誠文堂）出版。

一五年五月　『永遠の鐘』（万生閣）出版。
一五年一〇月　『生長する愛の魂』（自然社）出版。
一五年一二月　（創作）『石長姫』（平凡社）出版。
【一五年一二月二五日、大正天皇逝去。昭和一年となり昭和天皇践祚《せんそ》。】
昭和二（一九二七）年四月　長女・恵美子、青山学院入学
二年四月二四日　六男・七朗誕生。
二年一一月　マッテンガッツア著『続・愛の学校』翻訳出版。
このころ、神道家の川面凡児「金の玉」（新大久保）の屋根裏部屋に移り住む。
三年四月　『聖者しづかに語る』（同文社）出版。
四年一月　『黎明の聖女』（平凡社）出版。
四年九月　『日本より全人類へ』（モナス社）出版。
五（一九三〇）年　平凡社社長・下中弥三郎の知人（日本郵船社長）の支援を受け、アメリカへ渡航。ポイント・ロマの神智学協会などを歴訪、講演と交流を行い、約二年間アメリカに滞在。
六年（七年？）　アメリカから帰国。脚光を浴びる。杉並区松原に住む。
【六年九月一八日、満州事変勃発。翌年一月、上海事件、五月、五・五一事件勃発。】
七年四月　『神性の体験と認識』（モナス社）出版。
七年六月　『心霊の飛躍』出版。
八年五月二日　三女・いつ子（イツ子）誕生。
九年六月　『大号令下る』（平凡社）出版。

九年六月　『神国日本の啓明』（平凡社）出版。

一〇年八月　『聖書物語第五巻・モーゼ』（基督教出版社）出版。この頃、上落合一－四九五に越す。教育講演は日本国内、朝鮮、台湾、満州に及ぶ。また、日本人を明るくすべく精神的月刊誌『朗らかな道』を創始するが、しばらくして廃刊（軍部の圧力により）

一一年一二月　『大日本は神国也』（神政書院）出版。

一二年七月　『神国教本』（神国道場）発行。この頃、渋谷区隠田三－一六七に越し、原宿の隠田で「神国道場」を始める。しばらくして、淀橋区と塚町三―三三九に移転。

【昭和一二年七月七日、日中戦争勃発。】

一五年　妻子を自宅に残し、単身、上海に（亡命という形で）。上海で、世界宗教同志会を組織し、スリー・エル運動を開始。以後、神智学やヨガに関する英文冊子を一〇冊以上出版。毎週一回、五年間、神智学等の神秘科学を外国人に英語で講義。

【昭和一六（一九四一）年一二月八日、大東亜戦争勃発。】息子四名は徴兵され、中国、満州、モンゴルで軍務に服す。この期間も、三浦は奉天やハルピンなどで平和のための講演を行う。

【昭和二〇（一九四五）年八月一五日、敗戦】とともに帰国（六二歳）。淀橋区戸塚に住む。やがて、

昭和二二年　娘・瑞子の嫁ぎ先の杉並区高円寺大和町に越す。

四名の息子「暁一（三井銀行）、宙一（ＮＨＫ）、日朗（東芝）、雷造（大阪）」無事帰国。

三浦は在日米軍の機関紙『星条旗』（スターズ・アンド・ストライプス）でストーリー・テラーを約二年間勤める。

新橋駅前の蔵前工業会館で月に一回、英語で神智学の集会をはじめ、ミロク・ロッジを結成。占領軍関係者や外務省関係者などが集う。このころ、下大崎二―二八に越す。また講演旅行する。

京都・鞍馬寺の信楽香雲管長と交流し、鞍馬という名の由来や五月のウエサク祭の起源などについて伝える。昭和二二年に、鞍馬寺は天台宗から「鞍馬弘教」として独立。同年に日本心霊科学協会機関誌『心霊研究』に、二三年には仏教の機関誌『大法輪』に、ウエサク祭の起源に関する文を寄稿。

【昭和二六（一九五一）年九月九日、サンフランシスコ平和会議で、日本、平和条約に調印。】

二八（一九五三）年二月　（ヨガ秘伝の公開）『幸福への招待』（東光書房）を発行。

同年、『幸福への招待』読書カードを基に、「竜王会」を創立。

二九年　詩集『心の大空』（竜王文庫）出版。五反田（西品川四―九―四八）に住み、ここを竜王会本部とする。

二九年二月　『神の化身』（竜王文庫）出版。

三月　竜王会機関誌（月刊）『至上我の光』を創刊。

一〇月　『大直観力』及び『真理の太陽』（竜王文庫）出版。

三〇年三月　ブラヴァツキーによるチベット『金蔵の書』の英訳版を『沈黙の声』（竜王文庫）として翻訳出版。このころ、豊島区巣鴨二—二一九〇の渡辺啓人宅二階に転居。

三〇年三月　『聖者新たに生まる』（竜王文庫）出版。

三〇年三月　古代インドの『バガヴァド・ギータ』を『至高者の歌』（竜王文庫）として翻訳出版。

三〇年八月　『人間の秘密』（竜王文庫）出版。

三一年二月　『世界一列』（竜王文庫）出版。

三一年七月　『聖シャンバラ』及び『星化学分析』（竜王文庫）出版。

三一年八月四、五日　群馬県妙義山・中嶽神社で第一回研修会。引き続き京都・大徳寺で集会（三浦七三歳）。

三一年一一月　南品川一—二七三に移る。

三一年一二月　『霊性の太陽』（竜王文庫）出版。

三二年二月　『大救世主の新時代』（竜王文庫）出版。

三二年五月　巣鴨六—一五三五に移転。このころ、「綜合ヨガ・竜王学園（学校）」の構想。

三二年七月　『疾病一掃の大福音』（竜王文庫）出版。

三三年二月　『輝く神智』（竜王文庫）出版。この頃、雪谷大塚に移る。

三三年六月一日　世田谷区東玉川町七五に移る。

三三年一二月　『天性の心理学』（竜王文庫）出版。
三四年二月　『マニ光明ヨガ』（竜王文庫）出版。
三四年七月　『永遠の生命』（竜王文庫）出版。
三四年一〇月　『帰依の統一』（竜王文庫）出版。

三五（一九六〇）年三月三〇日　永眠（七八歳八か月）。青山学院の教会で葬儀。

四　三浦関造帰天後の竜王会の歩み（年譜）

（会員向け小冊子、田中恵美子『我が竜王会の歩み』の年表を中心に）

・・・竜王会はギータ、四福音書、及びパタンジャリーのラジャヨガ（王のヨガ）経典をもとに、行法は呼吸法、マントラム、瞑想を主とし、「自我発見」を目標として、特に、ニヤーマ、ヤーマによる善行がヨガの花を咲かせる最大条件として教えてきています。

竜王会で最初に出版された著書は『心の大空』と『神の化身』でした。『心の大空』は詩集で、魂の崇高さと、ハートの清浄さをうたい上げたものです。『神の化身』はバガヴァッド・ギータの抄訳からはじまり、統覚の方法論、更に進んで、「大師」及びハイラーキの存在、神智学の教えについて述べてあります。

三浦先生は日本の人々の自発的、理性的目覚めの手段として、神智学の教えを示されました。そして更に神智学に基礎を置く、他の教え、例えば、アリス・ベイリーを通してのD・K大師の教えと言われているもの、またドウリル博士の教え、それに神道、仏教、キリスト教等を見事に織りなされて、新時代に先端を行く者として、何ものにも「依《よ》らしめられず、自ら価値を発見し、創造していく」理性的な人生の勇者となることを期待しされたのです。・・・

年代		行事・大きな集会、及び本の出版活動
一九五三（昭和二八）年	二月	竜王会設立
一九六〇（昭和三五）年	三月三十日	三浦先生　御昇天
	七月	神戸支部設立
	八月	神戸・福山市講演
一九六二（昭和三七）年	三月	全国大会（三浦先生三周忌追悼）
一九六四（昭和三九）年	八月	東京山上集会
一九六五（昭和四〇）年	八月	東京山上集会、大阪・神戸夏期大学
一九六六（昭和四十一）年	三月	全国大会
	七月	東京夏期特別集会、神戸夏期大学
一九六八（昭和四三）年	五月	パラマハンサ・スワミ・サティヤナンダ氏来日講演
	八月	東京夏期集会
一九六九（昭和四四）年	三月	京都支部発足
	四月	全国大会
	六月	バスビイ博士夫妻来日講演
	八月	京都神智学研究会発足、大阪夏期集会
	九月	東京夏期集会

一九七〇（昭和四五）年三月　全国大会
八月　東京夏期集会
一二月　西の宮集会
一九七一（昭和四六）年五月　全国大会、米神智学協会会長、来日
七月　神智学協会東京支部結成
一九七二（昭和四七）年一一月　関西合同集会
五月　『旧至上我の光合本』及び『エメラルド・タブレット』発行
一九七三（昭和四八）年五月　全国大会
七月　夏期集会、松山全国大会
一九七四（昭和四九）年二月　九州合同集会
三月　京都、及び大阪森の宮集会
五月　鳥取全国大会、東海支部結成
七月　東京夏期集会
九月　京都集会
一九七五（昭和五〇）年五月　全国大会（東京都市センター）
七月　夏期特別集会
八月　神戸夏期研修会
一九七六（昭和五一）年一月　事務局長・三浦暁一氏逝去
九月　『クンダリニ』出版
五月　全国大会（東京都市センター「愛の理解と会員の生活」）
七月　東京夏期集会

一〇月　一〇月一八日に株式会社竜王文庫登記。田中恵美子会長が社長に就任

一九七七（昭和五二）年三月　大阪茨木集会

五月　関西ブロック大会

六月　高野山集会

八月　東京夏期特別集会

一九七八（昭和五三）年三月　大阪茨木集会

五月　『透視力』出版

六月　全国大会（東京都市センター「多様性の中の生活」）

八月　神戸夏期特別集会

一一月　田中会長、神智学太平洋会議に出席

一九七九（昭和五四）年五月　神戸一周年記念集会

七月　『モリヤの庭の木の葉 召命』出版

一〇月　東京夏期特別集会（日光東照宮会館）

一〇月　北海道・青森集会

一一月　『アストラル界』出版

一九八〇（昭和五五）年五月　大阪森の宮・神戸・鳥取小集会

五月　全国大会（東京都都市センター「新時代のヴィジョン」）

六月　『モリヤの庭に木の葉 啓明』出版

八月　名古屋支部設立記念集会

夏期特別集会（日光東照宮会館）

一九八一（昭和五六）年

九月　京都小集会

一一月　世古五郎理事長逝去

一九八二（昭和五七）年

四月　『Ｈ・Ｐ・ブラヴァツキー夫人』出版

五月　西日本大会（鳥取の羽合温泉「生活の中のヨガ」）

八月　東京夏期特別集会（富士青少年センター）

一一月　名古屋・大阪集会

一九八三（昭和五八）年

二月　ＮＨＫ教育番組放送でレーリヒの絵画紹介
（注：レーリヒの美術紹介者は、『ヒマラヤに魅せられたひと
― ニコライ・レーリヒ ―』（人文書院）の著者・加藤九祚氏）

五月　九州大会

六月　神智学協会ニッポンロッジ総会

七月　東京夏期特別集会（日光東照宮会館）

一〇月　関西合同集会

一月　神智学協会インド太平洋会議出席

五月　全国大会（東京都都市センター「三浦先生生誕百年記念」）

八月　夏季特別集会（日光東照宮会館）

八月　『思いは生きている』を出版

九月　インドネシア神智学協会会長ソエヤノト氏来日

マレーシア神智学協会会長ナラヤナン氏来日

一〇月　松山・名古屋・大阪茨木講演会

一一月　インドネシア神智学協会ソエヤノト氏再来日

一九八四（昭和五九年）一月　三浦先生夫人（ハル・春子）逝去
三月　大阪茨木講演
四月　名古屋集会（井上康江姉指導）
五月　福井県武生市福寿会講演
神智学オーサカロッジ発足会
広島小集会
九月　北陽支部大会（松江市）
一〇月　大阪集会
一一月　仙台市宮城県民会館講演（綜合ヨガと神智学）
一九八五（昭和六〇）年四月　神智学協会本部会長ラーダ・バーニヤ女史来日
全国大会（東京都市センター・「心を開いて」）
五月　ハワイ神智学協会ホノルル会長ワイナント氏来日
六月　インドネシア青年神智学学徒へニング氏来日
七月　オーサカロッジ講演
八月　大阪集会講演
九月　東京夏季特別集会
一〇月　三重県鳥羽市集会
一九八六（昭和六一）年三月　田中会長・電車事故により胸部打撲入院
五月　田中会長・退院
九月　京都全国大会（京都タワーホテル・「生きる秘訣」）
一一月　仙台東北大学大学祭講演

一九八七（昭和六二）年二月　一二月　神智学クロトナ学校校長J・ミルズ女史来日
五月　『神智学の鍵』出版
六月　全国大会（東京都市センター）
八月　田中会長、韓国神智学協会に招待される

一九八八（昭和六三）年六月　名古屋夏季特別集会
七月　インド神智学本部スダリ女史来日
八月　東京夏季特別講習会（智光山荘）
一〇月　田中会長アメリカ神智学協会へ

一九八九（平成一）年　一月　九州地方大会　及び長崎講演
四月　インド太平洋会議講演
五月　神智協会ナゴヤロッジ発足
八月　全国大会（東京後楽園会館・「宇宙と人間」）
一〇月　田中会長・青森県の酸ケ湯温泉で静養

一九九〇（平成二）年　一月　『シークレット・ドクトリン　宇宙発生論』翻訳出版
三月　田中会長・京都高雄病院に入院

一九九一（平成三）年　一月　山梨県大月市小セミナー（ナラヤナン氏講演）
五月　『至上我の光』一六頁にし、毎月発行
六月　田中会長退院
七月　大阪支部西尾靖子姉逝去
九月　東京夏期特別集会（智光山荘）
大阪支部主催奈良大会

一九九二（平成四）年

一〇月　田中会長再入院

一月　インドパシフィック会議（ニュージーランド）三名出席

五月　田中会長退院、神智学研修会（智光山荘）

六月　田中会長入院

「平和の旗協会」ロシア会議（ジェフ・クラーク氏出席）

八月　田中会長退院

一九九三（平成五）年

一一月　神智学講演会（渋谷区民館）

一二月　田中会長、シンガポールへ

三月　神智学講演会（渋谷区民館）

九月　神智学協会インド太平洋連盟会長C・Vアガルワル氏来日

一九九四（平成六）年

一一月　神智学講演会（渋谷区民館）

二月　地方大会（安来市さぎの宮湯荘「勇気について」）

六月　神智学講演会（渋谷区民館「七本質」）

八月　地方大会（滋賀比叡山「三浦先生を偲んで」）

一〇月　田中会長入院

一九九五（平成七）年

神智学インド太平洋会長ハオ・チン氏来日

一二月　神智学講演会（渋谷区民館「神智学の活用」）

アディヤール神智学協会大会二名出席

三月　インド神智学協会本部書記ペドロ・オリヴェロス氏来日

神智学講演会（渋谷区民館「神智学について」）

四月十一日　朝八時、京都高雄病院にて田中会長逝去（享年八一歳）

第二代竜王文庫社長にジェフ・クラーク氏就任

五月　神智学研修会（三重県の伊勢神宮会館「田中会長を偲んで」）

七月　田中会長追悼会（渋谷新橋区民会館）

九月　記念講演会（『実践オカルティズム』出版記念・渋谷）

一九九六（平成八）年

一月　『至上我の光』新装発行

三月　『エンリーコの学校』出版

四月　田中会長一周忌集会（埼玉智光山荘）

七月　オープンハウス開始（田無本部）

九月　『オカルティズム対話集』出版

一九九七（平成九）年

四月　コピー製本販売開始

九月　神智学研究会勉強会開始（東京豊島区勤労福祉会館）

一九九八（平成一〇）年

三月　アグニ研究会開始（東京渋谷区ウィメンズプラザ）

五月　地方大会（兵庫県ふれあいの郷「自己と向き合う」）

一〇月　神智学インド太平洋会長ハオ・チン氏来日、神智学講演会（渋谷区ウィメンズプラザ「神智学を現在に活かす」）

『大師のみ足のもとに』改訂版

一九九九（平成一一）年

一月　アーチザン読書会発足（渋谷区民会館）

二月　シークレット・ドクトリンを読む会発足（池袋労働福祉会館）

三月　地方講習会（稲田年男氏「呼吸法」日立市豊浦公民館）

一二月　米国神智学協会秘書・専任講師ルペン・カビグティン氏来日

神智学講演会（渋谷区新橋区民会館「神智学の道について」）

二〇〇〇（平成一二）年二月　竜王会事務局員・森本弘子女史退職
二月　神智学ニッポンロッジ総会
五月　地方大会（安来市・清水寺「友愛の核」）
二〇〇二（平成一四）年四月一日　東京都田無市より事務局及び竜王文庫を杉並区久我山2―16―9に移転。高岡葉子女史が第三代竜王文庫社長に就任
機関誌『至上我の光』体裁の縮小化
東京・神智学協会独立
二〇〇三（平成一五）年二月二〇日　大島七朗氏講演会「高齢者が日本の黄金時代をつくる」（東京ラディソン都ホテル）
八月二三日　神智学協会インド国際本部ラーダ・バーニア会長の講演会「他に道なし」（東京豊島区民センター）
八月二四日　神智学協会インド国際本部ラーダ・バーニア会長の京都講演会「他に道なし」（ウィングス京都）
九月七日　故仲里誠桔氏一周忌の集い（豊島区立勤労福祉会館）
一〇月一一日竜王会集会（神奈川県川崎教育分化会館）
二〇〇四（平成一六）年三月　杉並区久我山2―16―9より事務局及び竜王文庫を兵庫県宝塚市星の荘24―26に移転。第四代竜王文庫社長に原忠就任
三月二〇―二一日　稲田年男主催・綜合ヨガ研修会（茨城県日立市川尻町豊浦公民館）
四月一日　東京本部を杉並区久我山2―16―9より同区善福寺1―26―9に移転

二〇〇五（平成一七）年五月　竜王会京都総会（京都アヴァンティホテル）。第三代会長に大島一慶（七朗）氏就任。中野潤一氏理事長就任

五月二三日　竜王会京都大会（京都・興正会館、大島一慶会長挨拶、綜合ヨガ実践指導、神智学と五行哲学、田中恵美子先生の足跡、神智学根本原理ほか）

二〇〇六（平成一八）年七月　竜王会四国大会（さぬき市徳勝寺「今はじまる」）

九月　『親鸞　上巻　永遠の響き』（三浦関造著）を改訂出版

二〇〇七（平成一九）年五月　『親鸞　下巻　弥陀の本願』（三浦関造著）を改訂出版

竜王会東京大会（渋谷区恵比寿区民会館、大島会長挨拶、綜合ヨガ実践指導、綜合ヨガの今後について、あなたの使命とは何か、竜王会の今後について他）

二〇〇八（平成二〇）年一一月　理事長の交代：中野潤一から鈴木利信に

二〇〇九（平成二一）年九月　竜王会京都大会（京都・興正会館、研究発表会）

竜王会東京大会（東京・八王子セミナーハウス、研究発表会）

二〇一〇（平成二二）年一〇月　竜王会京都大会（京都・興正会館、研究発表会）

一二月　『ベールをとったイシス』第1巻・科学・上・老松訳を出版

二〇一一（平成二三）年九月　竜王会東京大会（東京・八王子セミナーハウス「破局（カタストロフィ）を見据えて ― 個人の危機と世界の危機 ―」）

『ラーマクリシュナの教え』（深沢孝翻訳）を出版

二〇一二（平成二四）年四月　竜王学院（学園）の再興スタート。関東校、関西校、徳島佐那河内校の三校で開始。原忠氏主宰で第一期生八名

二〇一三（平成二五）年五月　竜王学院福岡校を五名で開始
一〇月　竜王会東京大会（東京・八王子セミナーハウス「トラウマからの脱却―心理学・密教(秘教)・前世治療等の観点から―」）

二〇一五（平成二七）年七月　『ベールをとったイシス』第1巻・科学・下・老松訳を出版
一〇月　竜王会・永平寺座禅会（福井県永平寺泊）
一一月　第四代竜王会会長に岩間浩氏就任

二〇一六（平成二八）年三月一五日　三浦関造最後の愛弟子・稲田年男没（享年八一）
六月一日　綜合ヨガの創始者『三浦関造の生涯』（岩間浩　編著）を発行

『三浦関造先生名言集』より抜粋
…「三浦関造先生生誕百年記念出版」…
（昭和五十八年五月一日　田崎道雄　編）

第一歩

初発心時に正覚あり
第一歩に最後の到達点あり
（日本より全人類へ「霊性の体験と認識」）

変化に注意せよ！　移気《うつりぎ》は大敵なるぞ。変化は汝に挑みかけて、汝を辿る路より懐疑のどぶ底にぶちこまん。

（沈黙の声）

識別

汝の武器はいずこにありや？
認識、識別こそ武器にあらずや
識別の刀を抜き放って妄想を断ってのけ、行作の統一にたち上れ。行作の統一とは、一切の行作も正観の認識も同一なるものと見る。
（マニ光明ヨガ）

ささやき

静かな　細い声……
それをなみするな
それが息づき息づき
迫り迫って
渾身の火と燃えさかり
すべてを投げつけて
不滅の意志が吾に顕現する
（祈れる魂）

瞑想

真理は誰にも同じことだ。俗悪生活に鈍している者には、この途を辿ることがむずかしいが、それでも人間はこの困難を剋服しなければならぬ。善習慣により、瞑想裡に湧き出て来た活泉の流れは、瞑想の実修によって持続させる。その活泉に汲んで、自分の仕事も活動も出来る。瞑想と外的活動の間には区別がない。我は誰なるか、君がこの問題を瞑想して、自分は肉体でもなく、頭でもなく、慾望でもないことを知り始めたなら、甚深《しんじん》な自己存在の根底から答は自ら出て来る。

（真理の太陽）

魂

魂は身体からも心からも人格からもかくれている。天福を感ずる時、奥の方から微光を放つ。心をしづめて、深く深く見つめていると微光は遂に光の氾濫となって光の自我、即ち魂を見出す。

（真理の太陽）

真我

不死永遠絶対なる生命を神という。絶対は分離しない。分離するものは二重人格であり、マインドであり、細胞である。まことの自我は分離しない。自我は神の分霊ではなくて、神である。『自我なる神は、煌々たる智慧の光で、無知の産なる闇を破す』

（真理の太陽）

祈り

子供のようになって全能者に祈ることだ。只、口先ばかりで祈るのではなく、真心から祈ることだ。仕事を始める時にも祈って神の霊が滲徹するようにお願いすることだ。幸福な時には神に感謝し、苦痛の日には良薬口に苦しと思え。神は恐るべきものならず。愛すべきものである。

（真理の太陽）

大愛の大師

君は下界にアデプト（大師）の光を分与する者
自分の水準で愛と喜びの太陽たれ
人は君を賞めず理解しなくても
君は義務に輝いて居れ

（真理の太陽）

愛なくば神智なし

大聖たちはみな、『意識の絶頂は愛である』こと、『愛なくば神智なし』という事を教えた人類の大教師である。ヨガの科学的知識、技術は大聖を通して大愛の神がわれらに授け給うたものである。

（人間の秘密）

天性

それぞれ異った個人の天賦、特性というものは、宇宙意志がわれわれ個人に訴え込み、念じ込んだ祈願の秘密である。宇宙は我にこう祈願をかけている。また神は我にかくの如く愛念の焦点を造っておいでる！　「讃嘆すべきかな汝自身！　汝は宇宙意志に生きる選民である。」

（真理の太陽）

自由意志

アデプトは決して自分の意志を人間に強要しない。真理を受けようと受けまいと、それは人間の自由意志である。だからアデプトは人間に向って「こうせよ」と具体的にはいわないが啓明的、暗示的で、その認識判断は神速である。正しいことを発見し、正しい決断をするのは、人間自らの進歩に必要な根本条件である。

（大直感力）

新時代

アクエーリアスの新時代に当って、人類は「信ずることよりも発見すること」「依らしめられるよりも、新しい価値を発見して、これを具体化すること」が遙かに緊要になっている。

（真理の太陽）

アクエーリアス時代は人類の同胞愛と協力を通して、統一的新文明へと発展する時代である。新時代のエネルギーは、綜合、統一の特質を以って、人類の急速な進歩をもたらす。そのため、偏見、独断、野心がぶちこわされ、対立の垣根がとりくずされて行く。

（神の化身）

智慧の道

人よ常に智慧の道を行け！

断食、水火の行を求めず、山林の中、洞窟の独居瞑想を求むる勿れ。人環にあって、家庭にあって、節度ある飲食、睡眠をとり、常に真理を探求し、奉仕の機会をねらい、奉仕の工夫をせよ！

わがこのことばを無視して瞑想するとも、汝は至上の目的を有たざる者である。

（大救世主の新時代）

奉仕

慰めにやるのではなく、決然たる奉仕をすることが目的でなくてはならぬ。為たいことをするのではなく、人を助くるために為すべきである。己を忘れて人を思え。学徒はいつも親切で感謝して有益な勤労者でなくてはならぬ。奉仕に費されない時間は、失われた時間と思え。

（真理の太陽）

人生の一目的は神を知ることである。至福の海に没入して不死の存在たれ。知と勤行に達成して、人類の中に在って神に仕えよ。

事業は人生の目的でない。事業の利益目的に執着しないことは、神に帰一する方法である。瞑想し、また瞑想して内に深くもぐりこめ。神のみ真実であることを知れ。諸君の心の、四分の三は少くとも神におけ。四分の一を奉仕に費せば充分である。働いて拝め。

（大直感力）

美徳

草木は花を咲かして実を結ぶ。
美徳は人間の花である。
美徳がなかったらヨガ（統一）のみのりはない。

（人間の秘密）

習慣

よい習慣を養っておいでなさい。凡ての教養は習慣にならねばなりません。どんなに教養があっても、むら気であったり、悪習慣がついていたりしては、霊性がくらみます。毎日行ってみたいと思う事は、たとえ些細な美徳でも習慣づけなさい。難行苦行の修行よりも、小さな善い習慣は更に微妙な救いになります。人目につかぬ愛らしい習慣にでも、大地を捲き立てる神の威霊が音づれます。

人間は習慣によって正確に自分のよい律をつくって行かねばなりません。律があれば呂があります。律は現われた理、呂は隠れた理です。私共は現われた理と隠れた理によって顕幽の世界に出入しています。幽の世界は顕の世界よりも、もっと自由で美妙です。自由美妙な世界からの助けを受ける人は、善い習慣の持主でなければなりません。これは大なる神秘です……おそろしい事実です。

（黎明の聖女）

謙遜

大智自在ならば、一層謙遜なれ。

（沈黙の声）

謙虚

霊性が飛躍すると
智慧が花咲く
智慧が花咲けば
人格が実る
人格が実れば
謙虚の徳が具わる

（黎明の聖女）

言葉

真理は言葉と共に直接人の霊魂に触れます。言葉を語るには、胸にゆらぐ霊が、そのまんま出て来るようにしなければなりません。或る時には、しんみりと静かに、或る時は快活に高く簡単に、或る時は勇ましく閃光的に、或る時は深い嘆きを残して優しい愛の言葉を、或る時には詩のような言葉を、或る時には笑いの波の立つ言葉を、霊のまにまに語る人は、神を知ることが出来るようになります。……

一日、いい言葉を語ってごらんなさい。心は天使の光に輝いてまいります。一年善い言葉を語ってごらんなさい。その人は善き友を得ます。十年、真に善い言葉を語り得たならば、その人は詩人の天才を恵まれます。

（聖者しづかに語る）

同胞愛

人間をにくむ者は、真の知識をにくむ。人類を賤しむ者は、決して正しい思索家にはなれない。つまり真の知識を得ることと、人を愛することは同じところから出て来るものだ。

知識を愛するものは、人類の尊むべきことを知り、人類の尊むべきことを知るものは、神々の世界の秩序を知る。それを知るものは節制、克己、勇気を愛して純化する。生きるということは純化することだ。

（聖者しづかに語る）

仏心

……人は無明に浸って業をつくり、業によって報いを得ようとするから仏心がなく、徒《いたず》らに生死の間に流転して心がすさみ、慈悲の力が湧かない……そんな心には創意がないのだ。仏心は常に創造する心だ。創造的でない生活は仏心なき生活であり、創造的生活は全人的覚醒に打たれる。それが仏を認識するのだ……

（親鸞）

真の哲人

真の哲人は永い忍従の喜びを有つ。真の哲人は、永遠普遍の真理を慕い、虚偽を憎み、知的興味に高潮し、下等な欲望を減じ、観察を宏大にし、思索を永遠によせ、人をなつかしみ、温雅な性質を現わし、怯懦《きょうだ》不遜の行為なく、知っただけ強くなり、認識しただけ高潔になり、思っただけ勇ましくなり、正確明瞭で調和した精神を有っている。こういう人に対しては、どんな嫉妬の神も悪魔も欠点を見出すことができない。

（永遠の鐘）

教育

教育というものは、人間たるの根本的資格を独創表現せしむる事、創造的歓喜の中に、人間を生かすことだ。この創造的歓喜に刺激されてこそ、自主独立の精神が勃興し、あらゆる困難、凡ての問題に逢着してこれを解決する自覚の力が起って来るものだ。この力が働らきかければ、我等は生きんが為の腕の人間たると共に、正確なる認識者となり、無限知識の追求者になる。この力を体認した者のみが、従来少数の天才のみが偶発的に達し得た境地、即ち全然斬薪な秩序の中へ導き入れられるのだ。

（愛は貧に輝く）

良心

われ等には個人的にもまた社会的にも、破壊さるべき桎梏《しっこく》があり、剥ぎ棄つべき仮面がある。更に広く人類を見ろ、彼等は疲れ果てて涙の谷に迷うている。君は、その桎梏を破壊し、その仮面を剥ぎ、その涙の谷を美の国土となそうとする熱想を有たないか？　その熱想があるなら、自らの衷心深く、神的の創造と、神的の秩序に飢渇する良心（デーモン）の閃光を自覚する筈だ。

（永遠の鐘）

まことの日本人

胸はカラッポで、丹田には鉄石の力がある……だから一見茫としているようだが、内には明らかで、発すれば金石も透る力が出て来る。何ものにも妄動しない。何事にも判断をあやまらない。殺せば活かす。そして一切をはぐくむ。

その深さ…その静けさ……しかしその深刻なる明敏さ……これがまことの日本人である。

丹田に力をこめ、呼吸が一つになった時、掌を握って見る。過度に強くは握れない。さりとて弱くもない。この中庸の力が、天下の大道、一たびこの力が発して節に当る。姿は和である。平和である。優しい。誇張もなければ惰気もない。

優しく和かなようなれど、うちには無限の力が籠る。一切に通達する霊がうちに盛りこまれている。これが真の日本人の姿である。

（日本より全人類へ［霊性の体験と認識］）

絶対行路

いかな手段も希望も水泡に帰してしまってこの世の無情がキモを噛むならば、半夜しずかに坐って、一切の思いを捨て去り、深い呼吸をして、絶対行路のために祈願をこめよう。一晩でだめなら、一週間でも、二週間でも、心気新たに、絶対行路の目標に一心を集中して動じまい。しずかに目標の秘密の扉が開かれ、その奥にかくるる宝を我に示してくれる。それに到達する手段も、智慧も、同時に明らかになる。

（聖シャンバラ）

希望

人間は今生一代の中に、最悪のカルマから至高の天福に到達できる。

自分の意識が他に左右される間は、どんなに苦労しても、意識の高度展開は行われるものでない。

（真理の太陽）

真理の音づれ

私共の心には、超越的な真理の音づれがあるのです。それはどんなに工夫しても言葉には出せないものです。又《また》、どんなに努力しても行為には現われて来ないものです。それは隠れた美妙おかげで、私共を天上に引き上げるもの、心の混乱や、生活の憂苦えて、人生を美しく恭敬にするものです。

私はそういう瞬間、神の厳存をはっきりと知らしていただけます。神は説明することも、学問の上に現わすことも出来ないものですが、只涙して沈黙した荘厳の刹那には、わが妻子の居ることよりも一層切実な事実になって来ます。

（黎明の聖女）

永遠のほのめき

悲哀の心を味わい、驚異の念に醒め、人生のすばらしい面白さや、尊さや、厳粛さを見出す人は、よしその人が貧乏な農夫であれ、世に知られない労働者であれ、自分はその人こそ本当の英雄だと思っている。

（甦る受難者）

詩人

神を見ようとするならば、戸外に出て行くがよろしい。蒼空が神、大地が神です。鬱蒼《うつそう》たる森林の中に辿り込んで落葉の上に立てば、神徳の乳房に級いつく事が出来ます。古木の梢には木の実のように、神の智慧の実が累々となりこぼれて、その下を通ったばかりで美妙荘厳な思想にうたれます。神の智慧は霊魂そのもので、証明されるべきものではありません。只跣《ただはだし》の詩人が、その喜びと輝きを以て、それをわが身に感ずるのです。

人の言葉には、風や流水の音律がないと、神の真理を伝ゆることが出来ません。百姓が氷の張った堅い土に杭をぶちこむように、原始的感覚を言葉に打ちこむことの出来ない人は、神の秘密を以て他人を救う事が出来ません。土のついた木や草の根を言葉の匂いにもたらす事の出来ない人は、未来を語る預言者にはなれません。春先になって、蕾《つぼみ》が開いて来るように信実であり、清新であり、自然である言葉を語る人でないと、次の時代を導く詩人にはなれません。生々しい丸太を割る斧の音のような言葉が出て来なかったら、神の権威は立ちません。

（黎明の聖女）

至上我の光

至上我は光なり。マニの光なり。

至上我の光は闇を払う。

帰依奉仕する者は至上我と共に住み、至上我を知る。

与えられたる義務を為して、何ものをも憂えず報酬をも思わざる者は、統一を得たる者にして真の聖者なり。

されど、経文に捉われ、犠牲の火を燃さず、労苦を避くる者には統一あることなし。彼は聖なる者たる能わず。

瞑想によって至高の峯に登る者たれ。


（マニ光明ヨガ）

索　引

（注：数字は頁番号を示す。年譜部分を除く）

[あ]

『愛の学校』（クオレ）・・25, 80, 98, 152, 155-6, 160, 164-5,172-3, 175 , 183
『愛は貧(困)に輝く』（三浦関造著）・・・32, 59, 92, 96,160,179-181
青山学院（神学部）・・・・・・23-6, 29, 32, 45, 50, 53, 79, 82, 90, 161, 178,190
青山師範学校・・・・・168
青山高等女子学校（高等女学部）・・・・・25, 90
「赤い鳥」（鈴木三重吉主宰）・・・・・148
秋田雨雀・・・・・・97
アグニ・ヨガ・・・・・14, 43, 50, 55, 63, 65-6, 86, 104
アーケイン・スクール（ニューヨークの）・・・・・46
明比田鶴子・・・・・14
あけぼの → 三浦あけぼの
浅野健吉・・・・・40
『アジアの心』（ニコライ・レーリヒ著）・・・・・116, 122
アジェナ・チャクラ・・・・・127
アストラル体(-移動)・・・・・・48, 110, 189, 192
新しき村（武者小路実篤主宰）・・・・・148
アダムスキー・・・・・122
「あたらしい地上」（三浦関造作詞）・・・・・133
アディプト（大師）・・・・・20, 114
アナハタ・チャクラ・・・・・127
アーノルド、ケネス・・・・・・121
荒木貞夫・・・・・38, 72, 98
新木新吉（米国大使、のちの日銀総裁）・・・・・41
アーリアス（白羊宮）生まれ・・・・・64
アリス・ベイリー → ベイリー
アーミチス・・・・・25, 80, 165
「アンニー・ローリー」・・・・・26

[い]

イエス・キリスト・・・・・125, 167

「行第二里」→『第二里を行く人』
『石長姫』（三浦関造著）・・・・・32
イツ子（いつ子） → 水野いつ子
稲田年男・・・・・107-130
『イニシエーション』（アリス・ベイリー著）・・・・・88
井上康江・・・・・14, 49
『祈れる魂』（三浦関造作、著）・・・・・29, 57-9, 92, 131-134, 190
「イワンの馬鹿」（トルストイ著）・・・・・180

[う]

ヴァイローキャーナ・・・・・205-6
ウエサク祭・・・・・44, 83, 192
植芝盛平（合気道創始者）・・・・・37
ウジジャイ呼吸・・・・・125
宇宙人・・・・・121
内垣日親・・・・・47, 84, 108
内村鑑三・・・・・29, 88
宇野彰紘・・・・・14
『埋もれし世界』（三浦関造著）・・・・・28,56
ウ(ー)ン・・・・・205-6

[え]

『永遠の鐘』（三浦関造著）・・・・・32
『永遠の生命』（三浦関造著）・・・・・46-7
『エミール』（ルソー著）・・・・・・24, 33, 52-3, 67, 76, 80-1, 91-2, 95,102, 161-2, 178,181,183,190
『エメラルド・タブレット』（トス著）・・・・・11, 111, 114, 126
恵美子 → 田中恵美子
江村鴨村・・・・・132
江渡荻嶺・・・・・88, 97
遠藤まつ → 三浦まつ

[お]

オウム（オーム）・・・・・44, 127, 201-6
オームのとなえ方・・・・・128-9
大分師範学校・・・・・15, 151

大島七朗（一一慶）・・・・・32, 35, 42, 45, 63, 73-79, 103, 191, 196, 206
大嶋豊・・・・・38, 42-3, 50, 77, 80
大本教・・・・・38, 80, 147
岡田播陽・・・・・88, 172
小倉正恒（大蔵大臣）・・・・・41
小田秀人・・・・・75
小原國芳（鰺坂國芳）・・・・・25, 67, 80-1, 96, 152-5, 163, 166, 169
オルコット・・・・・33

[か]
海崎三智雄・・・・・13, 105, 196
『輝く神智』（三浦関造著）・・・・・49
賀川豊彦・・・・・88, 94, 147
『革命の巷より』（三浦関造著）・・・・・56
『革命の前』（三浦関造著）・・・・30
鹿児島師範学校・・・・・23, 25, 51-2, 80, 151-3, 162
片山清一・・・・・169
『学校教師論』（三浦修吾著）・・・・・25, 81, 97, 148-9, 154-6, 164, 168-72, 174-5
ガッツア、マッテン・・・・・179
桂田金造・・・・・174
『家庭の友』（自由学園出版）・・・・・184
『カバラの真義』（ドウリル著）・・・・・111
カーペンター・・・・・56
『神の化身』・・・・・46, 116-7, 170
『カラマーゾフの兄弟』・・・・・28, 53, 153, 182
カルマ・ヨガ・・・・・11, 117
川面凡児・・・・・32, 103-4
カント（哲学）・・・・・28, 55
関東大地震・・・・・30

[き]
『帰依の統一』（三浦関造著）・・・・・50
木内奈美子 → 三浦奈美子
『奇人、大正期の求道者たち』（鳥谷部陽之助著）・・・・・182
北山公章・・・・・48-9, 51

『ギタンジャリ』（タゴール著）・・・・・93
ギータ → バガヴァッド・ギータ
キーツ・・・・・・22, 161
キャンサー（蟹座）生まれ・・・・・18
キリスト（クリスト）・・・・・19, 20, 89, 113, 153, 155, 159, 190, 195
『キリストのヨーガ』（M. ベイン著）・・・・・87
救世主・・・・・11, 115, 128
キャンサー（蟹座）生まれ・・・・・18
『旧約聖書物語』（三浦関造著）・・・・・32
『教育者の思想と教育』（三浦修吾著）・・・・・151, 157, 169-70, 175
『教育の世紀』誌・・・・・118, 179
教育の世紀社・・・・・81, 117, 179
『教育文学十講』（三浦関造著）・・・・・28, 94, 179
兄弟運動・・・・・97
『兄弟通信』誌（鳥谷部陽太郎主宰）・・・・・97
『銀河鉄道の旅』（宮沢健治著）・・・・・118
『キング』誌・・・・・135, 159
「金の玉」（川面凡事児主宰）・・・・・32

［く］

『クオレ　子供のための本』→『愛の学校』
クート・フーミー大師（K·F）・・・・・20, 46
クシャンティ（苦痛を喜ぶ精神）・・・・・21
『くちなし』（成蹊学園機関誌）・・・・・173
クメラ、サナート・・・・・44, 83, 116, 121
クラーク、ジェフ・・・・・14, 65-6, 104-5
倉田百三・・・・・94
鞍馬山・・・・・44, 75, 83-4, 192
クリスト → キリスト
栗田明義（竜王会元理事長）・・・・・13-4
栗原健二・・・・・105
栗原基・・・・・167
(新橋)蔵前工業会館・・・・・42, 77, 80, 101, 191
鳩摩羅什・・・・・116
クリシュナムルティ」・・・・・87
クリスト → キリスト
『クリストフ・闇を破って』（ロマン・ローラン著）・・・・・76

『クリヤ・ヨガ』（三浦関造）・・・・・45
クール、ジュアル・・・・・88
グルー米大使・・・・・40
クレー、ブリン（仏教徒）・・・・・42
クレーム、ベンジャミン・・・・・86-7
クロポトキン・・・・・28, 56
『軍人生活』（アーミチス著）・・・・・165
クンダリーニ・・・・・85, 128
クンダリーニ・ヨガ・・・・・11, 85, 127

[け]
桂田金吾（竜王会会員）・・・・・173
『解脱の真理』（M. ベイン著）・・・・・87
見神（綱島梁川の）・・・・・147

[こ]
『幸福への招待』・・・・・45, 64, 84, 100-2, 114-5, 192
光明皇后・・・・・37
「光明のマントラム」・・・・・・77-8, 205-6
『こかげ』（成蹊学苑機関誌）・・・・・157
『心の大空』（三浦関造著）・・・・・16, 45, 131, 140, 142, 146, 182
『心の書』（信楽香雲著）・・・・・83
『個性教育・犯罪と遺伝』（ロンブロゾー著）・・・・・76, 179-80
小瀬松次郎・・・・・174
呼吸（一法）・・・・・200-1
コッローディー・・・・・165
小西重直・・・・・172
コメニウス・・・・・179
コーリッジ・・・・・22,161
光金教（教祖）・・・・・32, 43, 46
今武平・今東光親子・・・・・104

[さ]
『最近社会思想』（三浦関造著）・・・・・28
サナート・クメラ → クメラ
サハスラーラ・チャクラ・・・・・127
沢柳政太郎・・・・・81

[し]

『寺院の教え』（バーナード著）・・・・・65
シェア・インターナショナル・・・・・85-7
『シェア・インターナショナル』誌・・・・・87
シェア・ジャパン・・・・・85-7
ジェフ・クラーク → クラーク
自覚の哲学・・・・・147
四方文吉・・・・・88, 172
信楽香雲（鞍馬寺管長）・・・・・44, 83, 191
『シークレット・ドクトリン』（ブラヴァツキ―著）・・・・・66
詩人のような聖者・・・・・16, 130
『至高者の歌』 → バカヴァッド・ギータ
『至上我の光』（竜王会機関誌）・・・・・45, 102-3, 191
『至上我の光：田中恵美子追悼号』・・・・・61
『至聖への道』（ユリアーンス著）・・・・・87
『自然』誌（三浦関造著）・・・・・31
『自然に還る』（福岡正信著）・・・・・124
シタリ呼吸・・・・・125
『実践的綜合ヨガ』（田中恵美子著）・・・・・11
『疾病一掃の大福音』（三浦関造著）・・・・・48
『師道』（小原圀芳著）・・・・・154
児童の村小学校・・・・・81
下中弥三郎・・・・・33, 42, 47, 51, 77, 79-80, 93, 108, 118-23, 184
上行菩薩・・・・・116
社会運動的キリスト教（賀川豊彦の）・・・・・147
『社会的の自己実現・教育進化の六千年』（三浦関造著）・・・・179
ジャニヤーナ・ヨガ・・・・・11
上海・・・・・38-40, 98-9
『ジャンクリストフ ― 闇を破って ―』（ロマン・ローラン著）・・27
シャンバラ・・・・・46, 86, 110-2, 115-6, 122, 192
ジュアル･クール大師・・・・・43, 46, 48, 87
ジュヴァーラー・・・・・205-6
『純愛の学校』（三浦関造著）・・・・・33
修吾 → 三浦修吾
『修吾全集』・・・・・151, 165-6, 172
修養団・・・・・147

『小学校教師としてのトルストイ』（三浦関造著）・・・・・179-80
『小年団』誌（山縣悌三郎主宰）・・・・・149, 184
『少年文庫』誌（山縣悌三郎主宰）・・・・・183
ショウペンハウエル・・・・・22, 161
常不軽菩薩・・・・・117
『新人文主義の教育』（三浦関造著）・・・・・29, 179
新約聖書・・・・・126
『新約聖書物語』（三浦関造著）・・・・・32, 82
新教育（運動）・・・・・36, 79-80, 146, 175, 178
新教育協会・・・・・81
『新教育』誌（成蹊学園機関誌）』・・・・・25, 80-1, 157, 162, 164, 173-4
『神国日本の啓明』（三浦関造著）・・・・・36, 42, 101
神国道場・・・・・37
『新心理学』（タンスレー著、野口・三浦修吾訳）・・30, 81, 92, 179
『真実の教育』（三浦修吾著）・・・・・157, 167, 169
『心身の神癒』（マクドナルド・ベイン著）・・・・・87
『人生』（トルストイ著）・・・・・28, 54
『新生の曙』（三浦関造著）・・・・・28, 57, 93
神智学（- 協会）・・・・33, 39, 41-3, 63, 66, 77, 80, 85, 88, 93, 95, 101, 103-4, 121, 161, 182, 190-1
神智学（協会）ニッポン・ロッジ・・・・・38, 53, 65, 162, 182, 190
『神智学大要』（パウエル著）・・・・・8
『神智学の神髄』（ピアーソン著）・・・・・87-8
『神秘主義』（三浦関造著）・・・・・28
『親鸞』（三浦関造著）・・・・・29, 56, 58, 92-3
親鸞主義（の教育）・・・・・174
『真理の太陽』（三浦関造著）・・・・・53, 113
『（森林哲学）生の実現』→『生の実現』
『（森林文学）生と自然』
『神癒の原理』（マクドナルド・ベイン著）・・・・・87
『心霊研究』誌・・・・・44
『心霊の飛躍』（三浦関造著）・・・・・36

［す］
スゥインバーン・・・・・22, 161
鈴木大拙・・・・・147
鈴木利信・・・・・195

鈴木三重吉・・・・・148
『スターズ・アンド・ストライプス』（星条旗）紙・・・41-2, 101, 191
ストリンドベルヒ・・・・・57
スペイン風邪・・・・・29, 96
スペンサー・・・・・22, 161
スポールディング・・・・・87
スリーエル運動（上海における三浦関造による）・・・・・38-9

[せ]

『星化学分析』（三浦関造著）・・・・・47
成蹊教育会（成蹊学園の）・・・・・157, 174
成蹊実務学校（成蹊学園）・・25, 29, 80, 153, 156-7, 162-3, 166, 173
『聖者新たに生まる』（三浦関造著）・・・・・32, 46, 182
『聖者しずかに語る』（三浦関造著）・・・・・・33, 59
『聖シャンバラ』（三浦関造著）・・・・・47, 102, 111
『星条旗』紙 → スターズ・アンド・ストライプス紙
『聖書物語文庫』（三浦関造著）・・・・・33, 94
『聖書物語モーゼ』（三浦関造著）・・・・・36
『生長する愛の魂』（三浦関造著）・・・・・32
『生と自然』（三浦関造著）・・・・・28, 54-5
『生に徹する芸術』（カーペンター著）・・・・・56
『青年之友』（下中弥三郎主宰）・・・・・184
『生の実現』（タゴール著）・・・・・28, 76, 93, 182
『生命の教育』（三浦修吾著）・・・・・25, 154, 166, 167-71, 175
『西洋民謡集』（三浦関造訳）・・・・・29
『ラーマクリシュナの教え』（エルベール著、深沢孝訳）・・・・64-5
セオソフィー大学平和の宮・・・・・34
瀬尾政・・・・・192
世界教育連盟（世界新教育学会）・・・・・153
『世界文学としてのの聖書』（三浦関造著）・・・・・76
世界宗教同朋会（三浦関造主宰）・・・・・39
世界奉仕団体・・・・・111
関口野薔薇・・・・・40
セコンドマイルの人・・・・・167
『絶対の祈り』（三浦関造著）・・・・・141
ゼミニ―（双児）生まれ・・・・・・79
センキウィッチ・・・・・76

千利休・・・・・37

[そ]
綜合ヨガ（一竜王学園）・・11, 14, 47, 79, 86-7, 106-7, 131, 162, 182, 191, 196
相対主義（夏目漱石の）・・・・・・147
『続・愛の学校』（M. ガッツア著）・・・・・179
ソロー・・・・・・54, 76, 161, 181
尊天（鞍馬寺主仏）・・・・・83

[た]
大救世主・・・・・78, 143
「大救世主」（三浦関造著）・・・・・142-5
『大号令下る』（三浦関造著）・・・・・36
『大正自由教育の旗手』（上田祥士著）・・・・・158, 173
大正新教育運動・・・・・148, 162, 164, 175, 182
「大正生命主義」・・・・・148
『大直観力』（三浦関造著）・・・・・90, 125, 129, 130, 135, 159
大日如来本尊・・・・・51
『第二里を行く人』(行第二里)（フォスジック著、三浦修吾訳）・・81, 98, 154-5, 157, 163-4, 166-9, 172, 174-5
『大法輪』誌・・・・・44
太陽の呼吸・・・・・126
高岡葉子・・・・・14
高田集蔵・・・・・・88, 97
滝澤菊太郎・・・・・169
タケヨ（三浦関造の姉、三浦・福田）・・・・・15, 23, 27
武田勝弘・・・・・14
タゴール・・・・・・28, 76, 93, 161, 181-2, 190
タット・サット・オーム・・・・・・202-3, 205
田中恵美子・・・・11, 13-4, 27, 31-2, 48, 52, 61-7, 76, 88, 110, 206
田中耕輔・・・・・62-3
田中盛二・・・・・62, 195
田中保富・・・・・61-3, 67, 98
田中佑岳・・・・・14
谷口雅春・・・・・97
「種子蒔きの喩え」（三浦関造の講和から）・・・・11, 48, 60, 196

玉川学園(一大学)・・・・・25, 32, 68, 80, 96, 154, 166, 169
玉川教育第12条・・・・・154
田村武雄・・・・・14
丹波節郎・・・・・31
丹下春雄・・・・・13-4
タンスレー・・・・・81, 179

[ち]
チャクラ・・・・・128
『沈黙の声』(ブラヴァツキー著、三浦関造訳)・・・・・46

[つ]
津田安子・・・・・64
綱島梁川・・・・・88, 147

[て]
出口仁三郎・・・・・38, 147
デューイ・・・・・176, 179
テニソン・・・・・22, 161
テレパシー(一能力)・・・・・189, 190
『天性心理学』(三浦関造著)・・・・・49, 55, 79
天理教(教祖)・・・・・33

[と]
(東京)高等師範学校・・・・・81, 89, 150-1, 153, 183
東京女子師範学校・・・・・29, 95
ドウリル・・・・・43, 48-50, 86, 111-2, 191
戸川尚・・・・・169
トス・・・・・113, 126
ドストエフスキー・・・・・22, 28, 53, 76, 93, 161, 181-2, 190
トースト、カーネル(陸軍大将)・・・・・42, 52,77
豊田ハル → 三浦ハル
豊田実(三浦関造の妻ハルの兄)・・・・・26, 42, 82, 94
トルストイ・・・22, 28, 54, 76, 93, 149, 161, 176-7, 179-81, 190
『トルストイ童話集』(トルストイ物語)・・・・・30, 94
鳥谷部陽太郎・・・・・88, 97

鳥谷部陽之助・・・・・88, 97
『とんぼ』誌・・・・・87

[な]
『内外教育評論』・・・・・157, 174
内外教育出版協会・・・・・183
中川宗淵・・・・・47, 108
仲里介山・・・・・97
仲里誠信・・・・・86-8
中西旭・・・・・104
中野潤一・・・・・14
中村春二・・・・・24, 80, 155-7, 166, 173-4
七大聖・・・・・78
七つの呼吸・・・・・114, 125-6
夏目漱石・・・・・147
ナミ（奈美子） → 三浦奈美子

[に]
西尾靖子・・・・・14, 39, 49, 193-5
西田幾多郎・・・・・147
西田天香・・・・・88, 97, 147, 172
『20世紀の謎、UFO』(たま出版)・・・・・121
「日本的霊性」（鈴木大拙の）・・・・・147
二宮尊徳・・・・・184
二里を行く人 → 第二里を行く人
日蓮上人（の法難）・・・・・122
日朗 → 三浦日朗
『日本道徳』（三浦関造著）・・・・・28
『（大）日本は神国也』（三浦関造著）・・・・・37, 42, 101
『日本之小学教師』（姫路師範学校関連誌）・・・・・174
『日本は神国なり』（三浦関造著）・・・・・37, 42
『日本より全人類へ』（三浦関造著）・・・・・33, 37
『庭の千草』（三浦関造訳）・・・・・20, 26
『人間の秘密』（三浦関造著）・・・・・18, 34, 43, 47

[ね]

熱誠・・・・・60, 203-4

[の]
野口援太郎・・・23, 81-2, 150-3, 156, 161, 163, 165, 168, 178-9, 184
『野口先生建碑会』・・・・・149
野呂信次郎・・・・・82

[は]
パウエル・・・・・87
『バガヴァッド（ギータ）』（『至高者の歌』・・11, 24-5, 46, 126, 128
バクチ・ヨガ・・・・・11
芭蕉・・・・・34
橋谷潔・・・・・13
バストリカクンバーカ呼吸・・・・・125
パズリット・・・・・54
ハタ・ヨガ・・・・・87
パタンジャリー・・・・・11, 85, 126
八大教育主張講演会・・・・・175
八大神力・・・・・205
バーナード・レンツ → レンツ
『母』（成蹊学園機関誌）・・・・・163, 173
『母と子』（成蹊学園機関誌）・・・・・173
『母を訪ねて三千里』（アーミチス著）・・・・・166
ババジ・・・・・45, 115
パブリック・スクール・・・・・184
羽仁もと子・・・・・184
羽仁吉一・・・・・184
林鉄造・・・・・110
原忠・・・・・195
ハル（春子）（豊田-） → 三浦ハル（春子）
バローズ・・・・・54
犯罪心理学（ロンブロゾーの）・・・・・179

[ひ]
ピアーソン・・・・・87
『秘教真義』（ドウリル著）・・・・・111

七朗（三浦） → 大島七郎
泥谷良次郎・・・・・23, 88, 151-3, 185
「一粒の種」（の喩）・・・・・196-207
『ピノキオの冒険』（コッローディ著）・・・・・165
『ヒマラヤ聖者の生活研究』（スポールディング著）・・・・・87
姫路師範学校・・・・・23-5, 80, 152-3, 155-7, 162-5, 174, 184
ヒューマニズム（人道主義）・・・・・179, 184
ヒラリオン大師・・・・・65
弘前キリスト教教会・・・・・26
広島高等師範学校・・・・・23

[ふ]
フィヒテ・・・・・179
フィリップス、マリア・・・・・65
フオッジス・・・・・166-7
深沢孝・・・・・14, 65, 106
福岡（第一）師範学校・・・・・18, 23, 81, 150, 160, 169, 176
福岡正信・・・・・124
福田康輔（修吾の妹タケヨの夫）・・・・・23
藤沢親男・・・・・38, 42
仏陀・・・・・115
『仏陀再臨：大聖ラーマクリシュナの生涯』（内垣日親著）・・・・84
『二人の苦行者』(三浦関造著)・・・・・23, 29, 94, 152, 159-60, 176-7
ブラザーフッド・オブ・ザ・ホワイトテンプル（在デンバー）・・112
プラトン（プラトー）・・・・・28, 32, 179
プラナヤーマ・・・・・85, 126
プラナヤーマ呼吸・・・・・111, 115, 125-7
ブラバァツキー・・・・・28, 33, 54, 86, 104
フリン、マックラー（ジュアルクール大師秘書）・・・・・43
プルヴァルスターヤー・・・・・205-6
フレーベル・・・・・76, 179
『文庫』（文学雑誌）・・・・・149, 183

[へ]
ベイリー、アリス・・・・・43, 46, 86-7, 88, 104, 190
ベイン、マクドナルド・・・・・87
ペスタロッチ・・・・・28, 32, 59, 80, 92, 161, 176-7, 179-81, 190

ペリー、ウイリアム・・・・・34, 40, 191

[ほ]
ホイッチャー・・・・・22, 161
ホイットマン・・・・・22, 54, 76, 161
ポイント・ロマ（米神智学協会本部所在地）・・・・・28, 33-4, 55
ポイント・ロマのセオソフィ大学平和宮・・・・・34
法蔵菩薩・・・・・116
法蔵菩薩の四十八願・・・・・17, 118
『朗らかな道』誌（三浦関造主宰）・・・・・36-7
『法華経』・・・・・115-8, 126
ホームズ、エドモンド・・・・・179
本間俊平・・・・・88, 172

[ま]
マイトレーヤ（大救世主、弥勒菩薩）・・・・・42, 50, 86, 117
マイヤー（ドイツ人豪商）・・・・・39, 41,
マタイ伝第５章・・・・・19, 160, 163, 166
マツ（遠藤）→ 三浦マツ
松原伸好・・・・・14
マニ光・・・・・49
マニ光マントラム・・・・・60
マニ光明（レイ）ヨガ・・・・・49-50
『マニ光明ヨガ』（三浦関造著）・・・・・50, 129
マニピュラ・チャクラ・・・・・115, 125-7
マニ・ペードム・・・・・202-6
マニレイ治療・・・・・49
マニレイ・ヨガ・・・・・49-50
マハサヤ・・・・・45
マハ・ムドラの呼吸・・・・・115, 125-7
マリア像・・・・・51
マルゾフ（日本亡命のロシア婦人）・・・・・104-5
マントラム(ーヨガ)・・・・・11, 44, 60, 78, 129, 201-6
マントラム・オーム・・・・・127
マントラム呼吸・・・・・115, 126, 200-5

[み]

三浦アケ（母）・・・・・15, 23-4, 27, 206
三浦あけぼの（曙）（修吾の長女）・・・・・22-5, 29, 206
三浦イツ子（三女、結婚し水野いつ子に）・・・・・36, 42, 45, 78-9, 206
三浦恵美子 → 田中恵美子
三浦関造生誕百年記念の会・・・・・13, 61
三浦関造・・・・・・この書全体に
三浦暁一（長男）・・・・・27, 31-2, 39, 41, 67, 206
三浦菊生・・・・・23, 206
三浦修吾（兄）・・・・・15, 24-5, 29, 80-1, 89, 96-7, 146-76,158-9, 162-176, 206
三浦七朗（五男） → 大島七郎
三浦タケヨ（姉）（医師福田康輔と結婚し福田姓に）・・・15, 23, 27, 151, 206
三浦奈美(子)（ナミ）（修吾の最初の妻、前姓は木内）・・・23, 151, 157, 206
三浦義任(よしとう)（父）・・・・・15, 148, 206
三浦宙一（次男）・・・・・27, 31-2, 39, 41, 68-9, 82, 206
三浦日朗（三男）・・・・・28, 31-2, 39, 41, 69-70, 190, 206
三浦ハル（春）（関造の妻、前姓は豊田）・・・・25-27, 45, 50, 61, 79, 82, 90, 161, 206
三浦英彦（四男として生まれたが誕生後６か月で早世）・・・・・70
三浦マツ（まつ）（修吾の後妻、前姓は遠藤）・・23, 25, 156, 158, 206
三浦瑞子(みずこ)（関造の次女、結婚し赤嶺姓に）・・31, 41, 73, 206
三浦明三（兄・修吾の息子）・・・・・97, 154-5, 206
三浦雷造（四男）・・・・・30, 32, 39,41, 70-2, 99, 190, 206
水野イツ子 → 三浦イツ子
水野正雄・・・・・109
密教星学・・・・・79
宮崎虎之助・光子夫妻・・・・・88, 97
宮崎白蓮・・・・・・47, 108
宮崎安右衛門・・・・・88, 158
宮澤賢治・・・・・117-8, 148
宮元道代・・・・・196
宮本武蔵（『五輪の書』）・・・・・37
妙義山集会（竜王会の）・・・・・47, 84, 108-10, 192

『妙法蓮華経』・・・・・115-7, 122
ミラレパ・・・・・112
ミロク経理・・・・・98-9
ミロク・ロッジ・・・・・42, 101, 105, 192
民芸運動（柳宗悦の）・・・・・148

［む］
武者小路実篤・・・・・88, 97, 148
ムラダーラ・チャクラ・・・・・127
『無量寿経』・・・・・116-8

［め］
瞑想（一法）・・・・・60, 126-7, 204
『瞑想の一夜』（三浦関造著）・・・・・139
メンタル体・・・・・110, 193-4

［も］
『孟子』・・・・・158-9
『黙示の四騎士』（三浦関造著）・・・・・29
本山博・・・・・85
森田たま（のUFO目撃）・・・・・121
モリヤ大師（M大師）・・・・・46, 55
『モリヤの庭の木の葉』（レーリッヒ著）・・・・・63
文殊菩薩・・・・・117
モンテッソーリ・・・・・179

［や］
山鹿素行・・・・・179
山縣悌三郎・・・・・149, 184
柳宗悦・・・・・148

［ゆ］
UFO・・・・・116, 118-23
ユクテスクア・・・・・45
ユリアーンズ・・・・・88, 117-21

[よ]

ヨガ・・・・・11, 44, 58, 196-205
ヨガ文学・・・・・183
『ヨーガ・スートラ』（パタンジャリ著）・・・・・85
ヨガナンダ・・・・・45, 86
『ヨガナンダの一生』・・・・・101
ヨガの統一状態・・・・・112-4
ヨガの呼吸法・・・・・3, 112-3, 125-7, 196-205
予知能力・・・・・123-4
「呼ぶ声」（三浦関造作）・・・・・130
『（家庭小説）喜び』・・・・・24, 52, 76

[ら]

雷造 → 三浦雷造
ラジャ・ヨガ（密教ヨガ）・・・・・11, 86
ラーマクリシュナ・・・・・64, 84, 108, 113
『ラーマクリシュナの教え』（深沢孝訳）・・・・・65, 105
ラヤ・ヨガ・・・・・11

[り]

リズム呼吸・・・・・125-7
竜王・・・・・46, 86
竜王会・・・・・4-5, 48, 100, 131, 162, 182, 192
竜王学園（一学院）・・・・・47-50, 111-2
『林檎の味』（三浦修吾著）・・・・・152, 157, 172

[る]

ルソー・・・・・24, 52, 80-1, 91, 161, 178-9, 190

[れ]

『霊性の体験と認識（『日本から全人類へ』の復刻改訂版）』（三浦関造著）・・・・・33
『霊性の太陽』（三浦関造著）・・・・・47, 111
『黎明』誌（栗原基主宰）・・・・・167
『黎明の聖女』（三浦関造著）・・・・・33, 59, 100
レーリヒ、エレナ・・・・・50, 63

レーリヒ、ニコライ（ス）・・・・・14, 47, 50, 63, 116, 122
レンツ、バーナード・・・・・65

[ろ]

ロセッテ・・・・・22, 161
「ローレライの歌」（三浦関造訳詞）・・・・・26
ロックフェラー一家・・・・・34-5, 77, 190
ロマンローラン・・・・・27, 76, 161, 181, 190
ロンブロゾー・・・・・28, 55, 76, 179-80

[わ]

ワーズワース（ワーズワス）　・・・・・22, 16 1

編著者：岩間　浩（いわま　ひろし）

一九三九（昭和一四）年二月二七日、双魚宮生まれ。東京都杉並区出身。早稲田大学教育学部、大学院文学研究科修士・博士課程（教育学専攻）大学院生、芝浦工業短期大学、同大学助教授を経て、一九八三（昭和五八）年から米国に滞在し、ペンシルバニア州立大学にて博士号(Ph. D)を取得。一九九〇（（平成二）年から二〇〇九（平成二一）年まで国士舘大学文学部教授として、教育学及び教育心理学関連諸科目を担当し、小学校・幼稚園の教師養成業務を行う。退職後「岩間教育科学文化研究所」を設立し、新教育運動史研究誌及び学校空間の研究誌を発行し、かつ、世界新教育学会副会長をつとめる。新教育運動辞典の完成に向けた研究と執筆をライフワークとしている。

竜王会については、三浦関造師（及び兄修吾氏）の新教育運動への貢献に着目し、岩間浩著『ユネスコ創設の祈願を訪ねて ― 新教育連盟と神智学協会 ―』（学苑社、二〇〇八年）第九章に「三浦修吾・関造と新教育運動」を収めた。その後、竜王会理事の一人として竜王会の大会に参加・発表し、このたび、三浦関造の全貌に迫る書を企画した。また、二〇一五（平成二七）年一一月から、大島七朗（一慶）前会長の跡を継ぎ、竜王会会長に就任。

子供にピアノを教える妻と、子供二人に孫三人と同じ敷地内に住む。独自の健康法を行い、水彩画（個展三回）、俳句、茶道（表千家）を習得中。小旅行、美術館巡り、庭の手入れ、瞑想、読書、歌の練習などで過ごす。最近エッセイ集『今を生きる ― その意義の考察 ―』（非売品）を出版。

綜合ヨガ創始者

三浦関造の生涯

平成二八年六月一日　初版発行

編著者　岩間　浩

発行者　原忠

〒665－0866

兵庫県宝塚市星の荘24－26

（株）竜王文庫

電話0797－86－0405

印刷者　（有）双葉堂

ISBN978-4-89741-110-1 ¥C0014 ¥2200E